essentials

Essentials liefern aktuelles Wissen in konzentrierter Form. Die Essenz dessen, worauf es als „State-of-the-Art" in der gegenwärtigen Fachdiskussion oder in der Praxis ankommt. Essentials informieren schnell, unkompliziert und verständlich

- als Einführung in ein aktuelles Thema aus Ihrem Fachgebiet
- als Einstieg in ein für Sie noch unbekanntes Themenfeld
- als Einblick, um zum Thema mitreden zu können

Die Bücher in elektronischer und gedruckter Form bringen das Expertenwissen von Springer-Fachautoren kompakt zur Darstellung. Sie sind besonders für die Nutzung als eBook auf Tablet-PCs, eBook-Readern und Smartphones geeignet.

Essentials: Wissensbausteine aus den Wirtschafts, Sozial- und Geisteswissenschaften, aus Technik und Naturwissenschaften sowie aus Medizin, Psychologie und Gesundheitsberufen. Von renommierten Autoren aller Springer-Verlagsmarken.

Dieter Bögenhold

Konsum: Reflexionen über einen multidisziplinären Prozess

 Springer VS

Univ.-Prof. Dr. Dieter Bögenhold
Alpen-Adria-Universität Klagenfurt
Österreich

ISSN 2197-6708   ISSN 2197-6716 (electronic)
essentials
ISBN 978-3-658-11141-0   ISBN 978-3-658-11142-7 (eBook)
DOI 10.1007/978-3-658-11142-7

Die Deutsche Nationalbibliothek verzeichnet diese Publikation in der Deutschen Nationalbiblio-
grafie; detaillierte bibliografische Daten sind im Internet über http://dnb.d-nb.de abrufbar.

Gedruckt auf säurefreiem und chlorfrei gebleichtem Papier

Springer Fachmedien Wiesbaden ist Teil der Fachverlagsgruppe Springer Science+Business Media
(www.springer.com)

Was Sie in diesem Essential finden können

- Die Rocky Mountains sehen auch in hunderten Jahren noch so aus wie heute, nicht aber unsere Kaufpräferenzen und Grundlagen des Geschmacks, die ständig im Wandel sind.
- Heute ist fast alles kommerzialisiert: Organe, Kinder zur Adoption aus fernen Ländern, Tiere, um sie aufzuessen oder an Hundeleinen oder Pferdehalftern herumzuzurren, Tagesmütter, Leihmütter oder sexuelle Dienstleistungen lassen sich kaufen wie Zahnspangen, Pullover, Fortbildungskurse oder Hamburger. Diese Gegebenheiten müssen Gegenstand einer zu intensivierenden Wissenschaft des Konsums und Marktverhaltens sein.
- Eine multidisziplinäre Perspektive, die verdeutlicht, dass man sich zunächst mit dem Studium von Konsum in Wirtschaft und Gesellschaft befassen soll, auch wenn man nur etwas über die Gesellschaften selber lernen möchte.
- Die These, dass Volkswirte und Fachvertreter für Marketing, Ästhetik, Design und Architektur gut beraten sind, sich stärker mit konsumsoziologischen Fragen zu beschäftigen, um die *sozialen Grundlagen* ihres eigenen Faches zu verstehen.

Vorwort

Dieses Essential hat eine Entstehungsstory von zwei Jahrzehnten. Neben meinen Interessen im Bereich der Sozioökonomik, Geschichte der Ökonomik und Wissenschaftstheorie einerseits und den langjährigen Forschungen zum Thema Entrepreneurship war es stets das Thema von Konsum in Wirtschaft und Gesellschaft, das in seinen Links zur Lebensstilforschung und zur Einkommensverwendungsforschung meine Aufmerksamkeit bezog. Auf der einen Seite war es die Sozialstrukturforschung, auf der anderen eine Konsumforschung, die zu der Zeit eher im Bereich von Marketing und Konsumökonomik angesiedelt war. In der Soziologie war die Beschäftigung mit dem Konsumthema als eine genuine Konsumsoziologie bestenfalls rudimentär anzutreffen. Diese Situation begann sich dann auf internationaler Ebene im anglo-amerikanischen Sprachraum zu ändern, vor allem weil sich thematisch und institutionell immer stärker eine neue Form von Konsumforschung zu etablieren begann.

Auch in meinen Lehrveranstaltungen an unterschiedlichen Orten und in verschiedenen Ländern zeigte sich Konsumforschung in soziologischer Perspektive als ein beliebtes Thema. Mit den Jahren waren hier studentische Arbeiten im kleinen dreistelligen Bereich entstanden, die – zumeist empirisch – Fragen untersuchten, die von Modewandlungen bei Urnenbestattungen über Babykleidung, Schwangerschafts- oder Bademoden über Trachtenkleidung bis hin zu Studien von Bier-, Cannabis-, Tee- oder Tabakkonsum reichten. Auch Arbeiten über Wiener Kaffeehäuser, historische Untersuchungen des Aufkommens der Frauenhose, des Wandels des männlichen Anzugs, Entscheidungstheorien bei der Produktwahl in Supermärkten, Konsum von gewerblichen Dienstleistungen bei Partnerkontaktanbahnungen, elektronischen Datingportalen, von Haustieren als Konsumgegenstand und als Modeaccessoire, über Luxuskonsum und über Menschen, die ihre Nahrung aus Müllabfällen zusammensuchen, über Biohundefutter, Uhren, Regenschirme und Schönheitsoperationen bis hin zu Slow Food und diversen Studien über Nachhaltigkeit reichten die bearbeiteten Themen.

Diese „Lehrforschungen" fungierten immer auch als eine Oszillation zwischen Zeitdiagnose und positiver Exemplifikation der Untersuchung empirischer Untersuchungsgegenstände, die im Partikularen stets immer auch eine Art von sozialer Universalität verkörperten. Diese Schrift fasst eine Reihe von thematischen Fäden zum Thema Konsum und Konsumforschung in *sehr* konzentrierter Form zusammen, auch weil meine gegenwärtige Wintervorlesung an der Alpen-Adria Universität Klagenfurt *„Einführung in die Soziologie"* sich in mindestens zwei Gliederungspunkten mit einigen der hier diskutierten Autoren befasst, so dass die Lektüre eine gute Vertiefungsquelle diesbezüglich darstellt.

Inhaltsverzeichnis

Konsum: Verschiedene Perspektiven und Fachzuständigkeiten

1

In gegenwärtiger Zeit sind Diskussionen über Konsum populär: Eine Wirtschaftsgesellschaft ist in ganz besonderem Maße dadurch charakterisiert, dass in ihr Menschen Konsum ausüben. Dabei ist Konsum nicht nur eine Kategorie zur Realisierung individueller Bedürfnisse, sondern Konsum ist eine gesellschaftliche Institution, die räumlich und zeitlich unterschiedliche Gesichter hat und die verschiedene gesellschaftliche Funktionen ausübt. Forschungen über Konsum und über die Art unterschiedlicher Konsummuster in einer Gesellschaft sind immer auch Forschungen, die bemerkenswert wichtige Informationen über die Sozialstruktur einer (oder mehrerer) Gesellschaft(en) sammeln und zur soziologischen Theorie über Sozialstrukturen beitragen. Dieses Buch betrachtet das Thema des Konsums in Wirtschaft und Gesellschaft in einem Kontext von sozialer Veränderung *und* von sozialwissenschaftlicher Problematisierung. Ein gewichtiger Grund für die gewachsene Attraktivität von Konsum als einem Objekt spezifischer Forschung besteht in der Annahme, dass die kulturelle und sozioökonomische Praxis eine relative Autonomie gegenüber den materiellen Bedingungen und den Verteilungen gesellschaftlichen Reichtums aufweist.

Dieses Buch hat das Ziel, sich mit dem thematischen Ungleichgewicht zwischen Arbeit und Konsum in der Gesellschaft zu beschäftigen. Das Argument lautet, dass Konsum als Forschungsgegenstand im Forschungsalltag empirisch und theoretisch stärker zu berücksichtigen ist, um die soziale Welt nicht nur „einseitig" zu vermessen. In dieser Perspektive geht es um die Erforschung der vielschichtigen Zusammenhänge von Einkommen und deren konkreten *Verwendungen*. Die Muster der Einkommensverwendung sind Ausdruck der Lebenspraxis von Individuen und ihrer jeweiligen Gesellschaft in deren historischer und geopolitischer Gegebenheit. Gleichzeitig fungiert diese Art gesellschaftlicher Lebenspraxis auch ein Stück weit als zeitdiagnostisches Chiffre für die Beschaffenheit von Gesellschaft und Wirtschaft allgemein.

© Springer Fachmedien Wiesbaden 2016
D. Bögenhold, *Konsum: Reflexionen über einen multidisziplinären Prozess*,
essentials, DOI 10.1007/978-3-658-11142-7_1

Der Begriff Konsum wird in unterschiedlichen akademischen Disziplinen in verschiedener Art benutzt (Ackerman 1997; Schneider 2000; Katz-Gero 2004; Arnould und Thompson 2005; Schrage 2009; Jäckel 2007, 2011; Bauman 2009; Prisching 2009; Bosch 2011; Hellmann 2013; Martínez 2015). Je nach dem konkreten akademischen Background wird in spezifischen Perspektiven gefragt, wie Angebot und Nachfrage und – in anderen Worten – Produktion und Konsum in Wirtschaft und Gesellschaft zu einander in Beziehung stehen. Oder es soll untersucht werden, welche spezifischen Konsumpraktiken konkrete Individuen, sozialen Klassen oder Gesellschaften haben. Solche Konsumpraktiken veranschaulichen divergente Ergebnisse, wie viel Geld Akteure für spezifische Güter oder Dienstleistungen ausgeben, was in der Ökonomik das Fachgebiet der Einkommensverwendungsforschung ausmacht. Schließlich fragt die Konsumforschung nach den Präferenzstrukturen von individuellen Akteuren, Haushalten oder Klassen(fraktionen) und deren korrespondierenden Rationalitäten, die das Konsumentenverhalten steuern. Wie konsistent sind Präferenzstrukturen angesichts wechselnder empirischer Kontexte von Zeit, Raum und entsprechender Kultur? Und Konsumforschung beschäftigt sich selbstverständlich auch mit dem Verhältnis von Einnahmen und Ausgaben: Stehen Konsumpraktiken in einem direkten Eins-zu-Eins-Verhältnis zu der Höhe des Einkommens und weiterer verfügbarer finanzieller Ressourcen und vice versa? Welche sozioökonomischen Kontextvariablen (historische Zeit, geographischer Kontext) spezifizieren dieses Verhältnis und in welcher Art und Weise haben Attribute wie Alter, Geschlecht, Klasse, Beruf und Lebensstil eigene Einflüsse auf die Form, in der Konsum praktiziert wird?

In den Sozialwissenschaften gibt es eine langanhaltende Geschichte verschiedener Inhalte und Umgänge mit dem Thema des Konsums. Adam Smith argumentierte in seinem berühmten Werk „*Wealth of Nations*" ([1776] 1952) bereits, „that consumption is the sole end and purpose of all production" (Smith 1952, S. 287), während der Ökonom John-Baptiste Say später in dessen sogenanntem Gesetz von Angebot und Nachfrage die Produktion als die wahre Quelle von Wohlstand ansah. Adam Smith kritisierend argumentierte John-Baptiste Say: „How great, then, must be the mistake of those, who, on observing the obvious fact, that the production always equals the consumption, as it must necessarily do, since a thing cannot be consumed before it is produced, have confounded the cause with the effect, and laid it down as a maxim, that consumption originates production" (Say 1855, S. 368). Diese Aussage entwickelte sich zu einer Art Lehrbuchwissen in der Formulierung „supply creates its own demand", die auf John Maynard Keynes zurückgeht (Keynes 1936, S. 18) und die das Gesetz von Say zusammenfasste, obwohl es bis heute eine Reihe von Stimmen gibt, die sagen, dass Say differenzierter gedacht hat, als manche heute gängige Kurzformel gelegentlich vermuten lässt.

Keynes (1936) war es dann, der langläufige Diskussionen auf den Kopf stellte, indem er die Rolle von Konsumenten auf volkswirtschaftlichem Niveau betonte, was in der Formulierung des „demand creates its own supply" kulminierte. Keynes hatte damit im Sinn, das Wirtschaftswachstum am besten durch die Stimulierung von Anreizen zum Konsumieren geschaffen werden kann. Für Keynes basierte die Sphäre des Konsums auf sozialpsychologischen Dispositionen von menschlichen Akteuren, was von der wirtschaftswissenschaftlichen Literatur, die es bis dahin gab, nicht wahrgenommen worden war.

Während der letzten 80 Jahre hat sich die Konsumforschung in der Ökonomik in verschiedene Richtungen weiterentwickelt. Während Keynes sich mit den kognitiven Wahrnehmungsdimensionen im Zusammenhang mit wechselnden Formen von Sicherheit und Unsicherheit in Bezug auf die weitere wirtschaftliche Entwicklung auseinandersetzte, betonten andere Autoren weitere Aspekte. Der Nobelpreisträger Modigliani (1980) etwa untersuchte, dass Konsumenten sich in ihren Entscheidungsstrukturen je nach ihrer jeweiligen Position *im Lebenszyklus* unterscheiden. Galbraith (1958) knüpfte die Erörterung des Themas Konsum an das historisch neue Phänomen der sogenannten *wohlhabenden Gesellschaft* („affluent society"), während Scitovsky (1976) die Verbindung mit der Frage von menschlichen *Bedürfnissen* herausarbeitete. Diese letzten Diskussionspunkte überlappten deutlich mit historischen und soziologischen Perspektiven der Annäherung an das Thema des Konsums.

Historiker forschen über Konsum wiederum in unterschiedlichen Perspektiven. Sie fragen, welche spezifischen Güter in verschiedenen Ländern benutzt und konsumiert werden, wie und warum Güter gekauft werden, schließlich fragen sie nach der Entstehung und Veränderung von Konsummustern entlang sozioökonomischer Wandlungen und in wieweit unterschiedliche Gesellschaften von verschiedenen Konsum*regimen* konstituiert sind und porträtiert werden. Historiker entwerfen ferner Konsumstories einzelner individueller Konsumgüter (z. B. die Geschichte des Tee- oder Kaffeekonsums) oder von Praktiken einzelner Konsumformen (z. B. Geschichte des Kochens oder Reisens), die als Beispiele von historischen Wandel fungieren und die gleichzeitig Elemente einer historischen Diagnose sind, bei der spezifische Untersuchungselemente als Beispiele für eine Totalität angesehen werden können (Siegrist et al. 1997; Offer 2006; Haupt und Torp 2009; König 2013). Max Weber (1988) diskutierte in einer makrostrukturellen Betrachtung etwa das Aufkommen des industriellen Kapitalismus in Verbindung mit der protestantischen Ethik und deren inhärenter Konsumaskese, während dann im 20. Jahrhundert Historiker mit Begriffsetiketten der *Konsumgesellschaft* aufkamen, die die vorherigen Gesellschaftsimages gemäß dem geschichtlichen Fortgang und der Ideenwelt veränderten.

Ein Pionier sozioökonomischer Konsumforschung war Thorstein B. Veblen, der ein wichtiger Repräsentant des frühen Amerikanischen Institutionalismus war. Veblen, der auch über eine Reihe weiterer Themen wie etwa über die Organisation des Wissenschaftssystems oder die Grenznutzentheorie publiziert hatte, war Autor des Buches „*Theorie der feinen Leute*" ([1899] 1986), das sein erstes und berühmtestes von seinen insgesamt 7 Büchern war (Bögenhold 2007; grundlegend: Camic und Hodgson 2011). Heutzutage gilt die Studie als ein soziologischer Klassiker, obwohl der Fokus ebenso auf ökonomischem, anthropologischem und psychologischem Gebiet liegt[1]. In diesem Buch prägte Veblen den Begriff des *demonstrativen Konsums,* um Konsumaktivitäten zu beschreiben, die einer *nicht*-utilitaristischen Rationalität folgen, d. h. die sich aus Motiven speisen lassen, die nicht zweckrational motiviert, sondern eher an sozial-emotionalen Werten orientiert sind, ein Verhalten, das durchaus auch frühen in der Anthropologie beschriebenen Mustern der Orientierung an Verwandtschafts- und Stammesnormen ähnelt und jedenfalls nicht mit Mustern der rationalen Ökonomik gefasst werden kann.

Veblens Erörterung ging deutlich über die Frage des schlichten Besitzes materieller Güter hinaus. Er erweiterte seine sozialpsychologische Analyse auf religiöse Praktiken, Geschlechterbeziehungen, Sport und die Kultivierung von Verhaltensgewohnheiten, was zu seiner Zeit wenig untersucht worden war. Veblen war mit Blick auf die „Leisure Class" als die Klasse der Müßiggänger gesellschaftskritisch und teilweise auch zynisch. Seine thematische Behandlung von Frauen ist aus heutiger Sicht antiquiert und reaktionär. So sah Veblen Frauen als Trophäen an, die als ein Phänomen bei der Behandlung der modernen Leisure Class zu untersuchen sind, indem er Heiratsmuster als eine Variante männlicher Akquisitionsstrategien in der Leisure Class konzeptualisierte. Solche Diskussionen können als Ausgangspunkte für zahlreiche folgende Debatten angesehen werden, die wir in der Schnittmenge zwischen Konsumforschung und Studien über Lebensstile und soziale Ungleichheiten finden.

Zeitgenössische Konsumforschung wird fortschreitend interdisziplinär. Unter der Vielzahl von Perspektiven sind fünf empirische Forschungsgebiete von besonderer Wichtigkeit:

---

[1] Veblen war als Sozial-Ökonom tatsächlich nicht repräsentativ für die Art und Weise der amerikanischen Wirtschaftswissenschaften seiner Zeit. Joseph Dorfman schreibt in seiner Geschichte der amerikanischen Ökonomik gar, dass Veblen „halfway out of society" war (Dorfman 1949, Bd. 3, S. 438). Es ist aus heutiger Sicht ausgesprochen interessant zu sehen, wie stark der Kontakt zwischen den sozialwissenschaftlichen Klassikern in Europa und USA um die letzte Jahrhundertwende bereits war. Max Weber zitiert in seiner „Protestantischen Ethik" bereits mehrfach Veblen, der wiederum Korrespondenz mit Schmoller und mit Sombart hatte und der vor allem Sombarts Bücher rezensierte (vgl. zu letzterem Loader und Tilman 1995; ähnlich auch Dorfman 1955, 1973).

1. Von großem Interesse sind die Beziehungen zwischen Konsumverhalten und der Sozialstruktur und deren zugrundeliegenden Mechanismen. Die Rekonstruktion der Verbindungslinien zwischen den lokalen, regionalen, nationalen und internationalen Konsummustern und den verschiedenen sozialen Klassen, Haushaltstypen, Lebensstilen und ihren Veränderungen im Zeitverlauf erscheint hier als eine vordringliche Aufgabe. Das Werk von Bourdieu (1982) bietet ein exzellentes Beispiel dafür, wie eine empirische Studie von Konsummustern als prinzipielle Diagnose einer Gesellschaft fungieren kann. Ungleichheiten werden durch unterschiedliche Konsumpraktiken in Form von materiellen und kulturellen Disparitäten innerhalb vertikaler *und* horizontaler Schichtungen sichtbar (Bögenhold 1994, 2001).

2. Mikroökonomische und makroökonomische Muster und Voraussetzungen von Konsumverhalten müssen weiterhin noch stärker zum Gegenstand von Forschungsanstrengungen gemacht werden. Das schließt Forschungen über den sozialen Kontext von erlerntem Verhalten genauso ein wie Strukturen von Entscheidungen und damit verbundene soziale Netzwerke, die helfen können, die Grammatik von menschlichem Verhalten mit Blick auf Prozesse des Konsumverhaltens zu dekodieren. Das schließt selbstverständlich auch ein breites Spektrum von unterschiedlichen Einkommensverwendungsentscheidungen ein, die konsum*prohibitiv* wirken, seien es bewusste Akte der Konsumverweigerungshaltung oder Prozesse des Zurückhaltens von Einkommen zum Zwecke mittel- oder langfristigen Sparens oder philanthropische Akte der Umverteilung durch Spenden oder Schenkungen. Aber auch interaktive Fragen des Reklamierens und der kommunikativen Aushandlung von Beschwerdeprozessen erscheinen zunehmend als ein interessantes Forschungsfeld (Gelbrich und Roschk, 2011, und Eisewicht, 2015).

3. Ein Thema, das heute zunehmend an Aufmerksamkeit gewinnt, besteht in der Rolle von Konsumenten als aktiven Akteuren, die nicht bloß passiv und reflexartig Konsumentscheidungen vollziehen, sondern bewusst aus einem Kontinuum an alternativen Möglichkeiten Entscheidungen treffen. Welche Rolle spielen Konsumenten in der Gesellschaft, wie kann die Konsumentin/ der Konsument durch Gesetze geschützt und gestärkt werden, um deren Autonomie gegenüber Händlern und Produzenten zu stärken? Schließlich werden Konsumenten zunehmend als politische Entscheidungsträger wahrgenommen, die mit Konsumakten Voten für (und auch gegen) bestimmte Produkte und Marken treffen. Da Märkte meistens eine große Bandbreite konkurrierender und vergleichbarer Produkte für ein einziges Bedürfnis anbieten, entscheiden sich Konsumenten beobachtbar für einen Boykott spezifischer Marken, wenn negative Sekundärinformationen zu Produkten oder Marken verfügbar sind.

Solche Negativinformationen betreffen beispielsweise Diskriminierungspraktiken in der Arbeitswelt bei der Herstellung von Konsumgütern oder negative Auswirkungen auf oder Behandlungen durch die natürliche ökologische Umwelt. Als einfache Beispiele können hier beispielsweise Produkte dienen, die mit Kinderarbeit oder der Abholzung von tropischen Regenwäldern in Verbindung gebracht werden.

4. Worin besteht auf einer symbolischen Ebene die soziale Kodierung von Konsumprozessen, und welche Signale werden zu welchen Zwecken transportiert? „Consumption is neither a material practice, nor a phenomenology of ‚affluence'. It is not defined by the food we eat, the clothes we wear, the car we can drive, nor by the visual and oral substance of images and messages, but in the organization of all this as signifying substance. Consumption is the virtual totality of all objects and messages presently constituted in a more or less coherent discourse. Consumption, in so far as it is meaningful, is a systematic art of the manipulation of signs" (Baudrillard 1988, S. 21–22). Konsumprozesse und deren Diffusion und Modifikationen scheinen eine thematische Schnittmenge mit den Thematiken von sozialen Trends und Moden zu haben. Dieser Forschungsbereich muss versuchen, Gedanken verschiedener Disziplinen (u. a. der Soziologie, Psychologie, Konsumforschung, Geschichtswissenschaft, Ökonomik, Anthropologie und Neurobiologie) zu berücksichtigen und zu verknüpfen, um verschiedene Aspekte für eine gehaltvollere Theorie von Diffusionsprozessen von Konsumverhalten zu integrieren.

5. Weiterhin sind solche Forschungsthemen von großem Interesse, die Konsum im Rahmen der Thematik einer sich verändernden Konsumgesellschaft behandeln, die selber Teil von internationalen Prozessen von Standardisierung, Konvergenzen und Differenzierung sind. Dazu gehört auch der Umstand wachsender elektronischer Märkte und neuartiger Fragen der Interaktion zwischen Käufern und Verkäufern mit entsprechend neuen Beziehungen an Kommunikation und Vertrauen (Grabner-Kräuter 2002). Der Trend von Prozessen in Richtung sogenannter Nachhaltigkeit und *Greening of Industry* schafft neue Nachfragen, kreiert neue Geschäftsfelder und verändert Konsumentenprofile und Konsummuster (Stehr 2007). Ferner wird in der anhaltenden Globalisierungsdebatte gefragt, ob Konsumgewohnheiten auf einem international-globalen Niveau erscheinen, das andernorts als Phänomen eines anhaltenden Prozesses der *McDonaldisierung* (Ritzer 1995) erscheint. Prozesse der McDonaldisierung können in unterschiedlichen Feldern von Konsumpraktiken beschrieben werden, so z. B. in der Nahrungsmittel- oder in der Textilindustrie, im Tourismus, in der Unterhaltungsindustrie, am Beispiel von Kreditkarten und in vielen weiteren Anwendungsfeldern.

Konsum in der Ideengeschichte 2

Ebenso wie es heutzutage eine wissenschaftliche Konsumforschung gibt, die sich ausgeprägter entweder akademischen oder kommerziellen Forschungsimpulsen verpflichtet fühlt (für eine erste Annäherung Jäckel 2011; Hellmann 2013), findet sich rückblickend auch eine Spur der wissenschaftlichen Beschäftigung mit Fragen des Konsums und seiner verschiedenen Erscheinungen. Konsumforschung als eine spezifische sozioökonomische Forschungsrichtung war zwar stetig „präsent", stand aber als eigene kommunikative Forschungswelt lange eher neben dem Mainstream der Forschung. Dieser Mainstream gründete sein primäres Interesse auf Fragen der Arbeit und ihrer sozialen Organisation. Fragen nach Form und Prinzipien gesellschaftlicher Produktion standen im Vordergrund von Überlegungen zur Sozialstruktur. Fragen nach der Verteilung und des Verbrauchs dagegen schienen sich akademisch lange Zeit nicht aufzudrängen. Offenbar wurde angenommen, dass die Antworten und solche Fragen evident seien: Ein König lebt wie ein König und ein Arbeiter wie ein Arbeiter. Die Ungleichheit der sozialen Verhältnisse im Produktionsprozess stand im Vordergrund, denn hier wurde der Hauptkonflikt moderner Gesellschaften ausgemacht.

Eine der zentralen Kontroversen in der Soziologie seit den Schriften von Karl Marx, wenn nicht schon länger, ist die Frage nach dem Verhältnis zwischen der existentiellen materiellen Basis von Menschen und den zeitlich korrespondierenden kulturellen Phänomenen. Die Liste prominenter Autoren, die die Beziehungen zwischen der sozioökonomischen und der kulturellen Struktur diskutierten, enthält fast alle der „großen" Namen, die mit dem Aufstieg der Soziologie als akademischer Disziplin verbunden sind. Und dennoch haben sich soziologische Gesellschaftsanalyse und weite Teile der Nationalökonomik überwiegend und jedenfalls über lange Zeiten sehr viel stärker mit der Thematik gesellschaftlicher *Produktion* von Gütern und Dienstleistungen als mit Fragen von Konsum als kulturellem Spezifikum sozialer Praxis befasst.

© Springer Fachmedien Wiesbaden 2016 7
D. Bögenhold, *Konsum: Reflexionen über einen multidisziplinären Prozess,*
essentials, DOI 10.1007/978-3-658-11142-7_2

Man kann hier gar bis zu Karl Marx zurückgehen, dessen Werk doppelgesichtig ist. Auf der einen Seite wird mit dem Autorennamen ein kruder Materialismus assoziiert, für den Formulierungen wie „das Sein bestimmt das Bewusstsein" stehen, demnach kulturelle Phänomene wie Konsum (und auch Ernährungs- und Kleidungsgewohnheiten) stets nur als ein Reflex der materiellen Situation einer Gesellschaft interpretiert werden, also sogenannte „abgeleitete" Phänomene sind. Für eine solche Lesart gibt es sicherlich plausible Hinweise an Stellen des Marx'schen Werkes, aber letztlich gründet sie sich eher auf dem jahrzehntelang praktizierten akademischen Marxismus, der zu seinem ursprünglichen Namensgeber Karl Marx zeitweise in eigentümlicher Distanz war. Insofern ist es interessant und für viele sicherlich auch überraschend, dass auch schon bei Marx in dessen eher philosophischen Manuskripten differenzierte und diffizile Überlegungen hinsichtlich der Rolle von Konsum in der Gesellschaft zu finden sind: In den „Grundrissen der Kritik der Politischen Ökonomie" finden sich Formulierungen bezüglich des Verhältnisses von Produktion, Konsumption, Distribution und Zirkulation, so bereits der Titel des ersten Einleitungsabschnittes dieser Schrift. Hier erscheint nicht die Produktion als die gesellschaftliche Basis, die jegliches andere Phänomen in der Gesellschaft zum „kulturellen Überbau" werden lässt, sondern Marx formuliert hier in interessanten kreislauftheoretischen Perspektiven, dass es stets enge Verzahnungen zwischen gesellschaftlicher Produktion und gesellschaftlichem Konsum gibt, so dass jede Sphäre sich wechselseitig zur Voraussetzung nimmt bzw. hat: Die Grundfigur der Argumentation lautet: Kein Konsum ohne Produktion und – vice versa – keine Produktion ohne Konsum.

Jede Seite produziert auch die „andere" Seite hierbei in einem mehrfachen Aspekt: Die Konsumption produziert die Produktion „doppelt, 1) indem erst in der Konsumtion das Produkt wirkliches Produkt wird. Z. B. ein Kleid wird erst wirklich Kleid durch den Akt des Tragens;… 2) indem die Konsumtion das Bedürfnis *neuer* Produktion schafft, also den idealen, innerlich treibenden Grund der Produktion, der ihre Voraussetzung ist. Die Konsumtion schafft den Trieb der Produktion; sie schafft auch den Gegenstand, der als zweckbestimmend in der Produktion tätig ist" (Marx [1857/1858] 1974, S. 13). Und umgekehrt schafft auch die Produktion die Konsumption, und zwar für Marx gleich in einem *dreifachen* Sinne: „1) indem sie ihr das Material schafft; 2) indem sie die Weise der Konsumtion bestimmt; 3) indem sie die erst von ihr als Gegenstand gesetzten Produkte als Bedürfnis im Konsumenten erzeugt. Sie produziert daher Gegenstand der Konsumtion, Weise der Konsumtion, Trieb der Konsumtion" (Marx 1974, S. 14).

In diesen Formulierungen zeigt sich ein Wahrnehmungsverständnis differenzierter wechselseitiger Mechanismen, in denen festgestellt wird, dass der eigentliche Akt des Konsums außerhalb der Ökonomie liegt, aber gleichzeitig als Ausgangspunkt für neue ökonomische Aktivität firmiert, weil durch den Konsumakt der ganze volkswirtschaftliche Vorgang im Sinne einer Kreisbewegung neu eingeleitet wird (Marx 1974, S. 11). Diese Betrachtungen sind für eine heutige Konsum- und Marketingtheorie aktueller, als man bei dem Autorennamen Karl Marx vielleicht vermuten möchte, denn sie zeigen, dass viele Bedürfnisse materieller Art gesellschaftlich *konstruiert* sind. Schließlich versäumt Marx weiterhin nicht zu betonen, dass die gesamte Entwicklung eingebettet ist in einen geschichtlichen Entwicklungsprozess mit verschiedenen Epochen, in denen sich jeweils unterschiedliche Konstellationen mit verschiedenen Wertungen und Prioritäten befinden. Diese historischen Relativierungen besagen, dass das Bestimmungsverhältnis zwischen Produktion und Konsumption stets von den konkreten Bestimmungszeiten des jeweiligen „Hier" und „Heute" abhängt.

Die Semantik von der Konsumgesellschaft, wie sie in den letzten Jahrzehnten immer wieder auftaucht, deutet in diese Richtung und steht für eine neue Form von Kapitalismus, von der Daniel Bell (1979, S. 75) sagt, dass diese „neue" Phase bereits in den 1920er Jahren eintrat bzw. zuerst thematisiert wurde. In dieser Blickrichtung fungieren die Arten des Konsums und deren zeitgenössische Behandlung in Wissenschaft oder Belletristik als ein Spiegelbild der Gesellschaft und deren historischer Zeit. Die jeweilige Semantik und entsprechende Themenstellung der jeweiligen Epoche stehen als Ausweis für den Entwicklungsstand und „realen Reifegrad" von Wirtschaft und Gesellschaft und vice versa. Norbert Elias gehörte zu jenen, die das Wechselspiel von partikularen kulturellen Phänomenen und makrostrukturellen Gesellschaftsuntersuchungen analytisch demonstrierten. In seinem Buch zur höfischen Gesellschaft (1994) lautet beispielsweise ein Abschnitt symptomatisch „*Wohnstrukturen als Anzeiger gesellschaftlicher Strukturen*". Mit anderen Worten zeigt der Titel bereits die Untersuchungsmethode an, nämlich es geht um die Partikularisierung des Universalismus und – umgekehrt – die Universalisierung des Partikularismus, um die Begrifflichkeit von Robertson (2000) hier zu verwenden[1].

Joseph A. Schumpeter meinte in dieser Hinsicht nichts anderes, wenn er in seinem Buch „*Kapitalismus, Sozialismus, Demokratie*" ([1942] 1950) im 11. Kapitel mit dem Titel „*Die kapitalistische Zivilisation*" schreibt: „Die Entwicklung des kapitalistischen Lebensstils könnte leicht – und vielleicht am eindrücklichsten – als Genesis des modernen Straßenanzugs beschrieben werden" (Schumpeter 1950, S. 206). Schumpeter geht es darum zu zeigen, dass kulturelle Erscheinungen mit

---

[1] Leora Auslander verdeutlicht ein solches Vorgehen beispielsweise in ihrer Untersuchung der Möblierungsmoden in Frankreich vom späten 17. Jahrhundert bis zum Beginn des 1. Weltkrieges (siehe Auslander 1996).

all ihren Leistungen und Eigenschaften immer auch *Produkt* eines kapitalistischen Rationalisierungsprozesses sind. So ist Schumpeter an dieser Stelle seiner Erörterung eher schweigsam bezüglich seines Beispiels von dem Straßenanzug und verweist die Interpretationsarbeit an den Leser, der sich die Puzzleteile zur Interpretation zusammensetzen muss: Bäuerliche Gesellschaften differenzierten nicht zwischen Arbeits- und Freizeitkleidung, während moderne Gesellschaften eine strikte Unterscheidung zwischen solchen Funktionsbereichen vornehmen. Wann kam der Anzug auf, welche Bevölkerungsschichten trugen einen Anzug? Schnell verweist die Frage auf Diskussionen um die (historisch neu entstandene) Schicht der Angestellten und der Stehkragenproletarier, wie sie von Emil Lederer (1912) so eingehend untersucht worden waren. Die Genesis des Anzuges erscheint in diesem Licht gewissermaßen schnell als ein Phänomen, an dem sich die Geschichte des Wandels der Berufs-, Sozial- und Wirtschaftsstruktur dokumentieren lässt.

Beliebige bekanntere Studien des 20. Jahrhunderts lassen sich zur Illustration dafür heranziehen, dass sich Gesellschaften mit deren Wirtschaften ändern und sich die Themenstellungen verschieben, unter denen die Sphäre des Konsums diskutiert wird. Neue Fragestellungen fungieren als Spiegelbild neuer sozioökonomischer Gegebenheiten. Galbraiths Formulierungen von einer Wohlstandsgesellschaft (1959) oder aufkommende Diskussionen über Verschwendung etwa bei Packard (1961) deuteten an, dass die modernen Wirtschaftsgesellschaften sich in ihren allgemeinen Rahmenbedingungen deutlich geändert hatten und sich gesellschaftlicher Reichtum auf der Ebene der Mittelschichten oder auch die Müllproblematik erstmals in gesellschaftskritischer und/oder sozialethischer Perspektive als Thematik zeigten. Neil Postmans Attacke auf die Kultur des „Sich-Amüsierens" und die dahinter stehende Industrie (Postman 2006) gibt diesbezüglich ein anderes probates Beispiel ab. Es lässt sich bis zum heutigen Tag anhand von Positionen aus der Literatur eine Linie ziehen, um anhand der entsprechenden Thematik in gewisser Hinsicht eine Zeitdiagnose und eine Reflektion von Wirtschaft und Gesellschaft ziehen zu können.

So gesehen lässt sich zwischen verschiedenen historischen und realen Gesellschaften und deren sozioökonomischen und kulturellen Spezifika differenzieren. Jede diese Gesellschaften ist freilich mit Blick auf die Lebenslagen ihrer Mitglieder *in sich selber* auch heterogen. Sie sind vielfältig gegliedert, und zwar sowohl auf der Seite der Erwerbsarbeit und deren damit verbundenen berufsstrukturellen Merkmalen, als auch unter dem Gesichtspunkt wie Menschen nach welchen Rationalitätsmustern und mit welchen Ergebnissen die ihnen verfügbaren Ressourcen verwenden und gestalten.

Während Max Weber (1988) den Erfolg der industriellen Revolution noch in Verbindung mit der protestantischen Ethik und deren damit verbundenen Enthaltsamkeit gebracht hatte, verdrehte sich im Laufe des 20. Jahrhunderts diese

Perspektive in ihr Gegenteil: Danach war die Wirtschaft zunehmend auch auf eine zum Konsumieren fähige *Nachfrage* angewiesen. War die asketische Enthaltsamkeit in der Sicht von Max Weber eine Art Grundstein für die Entwicklung des kapitalistischen Wirtschaftssystems, so wurde die „Verzahnung" von Produktion und Nachfrage, also des Kreislaufes von Herstellen, Verkaufen und Konsumieren, später empirisch mehr und mehr zum Konstitut der modernen Wirtschaftsgesellschaft. In dem Artikel über die „protestantische Ethik" sah Max Weber eine Koinzidenz zwischen protestantischer Ethik und gesellschaftlicher Konsummentalität: „Der Gedanke der *Verpflichtung* des Menschen gegenüber seinem anvertrauten Besitz, dem er sich als dienender Verwalter oder geradezu als ‚Erwerbsmaschine' unterordnet, legt sich mit seiner erkältenden Schwere auf das Leben. Je größer der Besitz wird, desto schwerer wird – *wenn* die asketische Lebensbestimmung die Probe besteht – das Gefühl der Verantwortung dafür, ihn zu Gottes Ruhm ungeschmälert zu erhalten und durch rastlose Arbeit zu vermehren".(Weber 1988, S. 178–179). Diese Geisteshaltung zügelte das Verlangen nach materiellen Gütern: „Die innerweltliche protestantische Askese – so können wir das Gesagte wohl zusammenfassen – wirkte also mit voller Wucht gegen den unbefangenen *Genuss* des Besitzes, sie schürte die *Konsumtion*, speziell die Luxuskonsumtion, ein." Damit bestimmten die religiösen Dispositionen das Alltagsbewußtsein und deren Handeln und setzten dem Materialismus starke Grenzen: „Auf der Seite der Produktion des privatwirtschaftlichen Reichtums kämpfte die Askese gegen Unrechtlichkeit ebenso wie gegen rein *trieb*hafte Habgier, – denn diese war es, welche sie als ‚covetousness', als ‚Mammonismus' usw. verwarf: das Streben nach Reichtum zu dem Endzweck, reich zu *sein* … Soweit die Macht puritanischer Lebensauffassung reichte, kam sie unter allen Umständen – und dies ist natürlich weit wichtiger als die bloße Begünstigung der Kapitalbildung – der Tendenz zu bürgerlicher, ökonomisch rationaler Lebensführung zugute; sie war ihr wesentlicher und vor allem: ihr einzig konsequenter Träger. Sie stand an der Wiege des modernen ‚Wirtschaftsmenschen'" (Weber 1988, S. 195).

Es gibt zahlreiche wirtschaftshistorische und wirtschaftspsychologische Studien, die die soziokognitive Transformation des menschlichen Profils und dessen Motivationsstruktur im Laufe der Entwicklung des modernen Kapitalismus behandelten. Die Arbeit des Psychologen Abraham Maslow „*Motivation and Personality*" (1954) hat hier sicherlich einen zentralen Platz. Der gedankliche Ansatz liegt darin, dass Maslow das soziokulturelle Framing betont, die der wissenschaftlichen Beobachtung und begrifflichen Typisierung die Relevanz gibt: „The study of the sociology of science and of scientists deserves more attention than it is now getting. If scientists are determined in part by cultural variables, then so also are the products of these scientists… these are questions of the type that must be asked and answered for fuller understanding of the ‚contaminating' effect of culture upon perception of nature" (Maslow 1954, preface). Je wohlhabender Gesellschaften historisch werden, desto stärker werden die Freiheitsgrade der Menschen, ihre Begierden auf diese oder jene Dinge zu lenken. Maslow unterschied in diesem Sinne zwischen verschiedenen Bedürfnissen, die er in die Reihenfolge einer Pyramide brachte. Häufig ist Maslow falsch interpretiert worden, so als ob die Pyramide im Sinne einer Stufenleiter sehr starr zu verstehen sei. Vielmehr ist die Unterscheidung zwischen physiologischen und biologischen Basisbedürfnissen wie Ernährung, Wohnen, Wärme, Schlaf und Sexualität auf der untersten Stufe der Bedürfnispyramide und weiteren Bedürfnissen nicht sehr strikt oder starr zu verstehen. Auf einer zweiten Stufe rangieren bei Maslow (1954) Sicherheitsbedürfnisse, die durch Stabilität und Schutz hergestellt werden. Ein System von Ordnung, Gesetzen und klar definierten Grenzen gehört zu diesem Bereich von Sicherheit dazu. Die dritte Ebene der von Maslow diskutierten Bedürfnisse adressiert Bedürfnisse nach Liebe und nach Geliebtwerden und zu bestimmten Menschen, Gruppen oder Orten dazuzugehören. Dieser Bereich schließt das affektuell-emotionale Bestreben nach Einschluss in Kategorien wie Familie, Arbeitsgruppen, Partnerschaft oder anderen Sozialbeziehungen ein.

Wertschätzung macht im Wesentlichen die vierte Ebene dieser Hierarchiestufen bei Maslow (1954) aus. Ein Selbstwertgefühl, Selbstbeherrschung oder auch Unabhängigkeit sind hier ebenso aufgelistet wie Statusdominanz, Prestige und Verantwortungsbewusstsein von Leitungsberufen. Mit diesen beiden Ebenen führte Maslow deutlich stärker sozialpsychologische Dimensionen in sein Bezugssystem ein, indem Menschen Teil eines Sozialkontextes sind und zu einer sozialen Matrix von Beziehungen gehören. Schließlich erscheint die höchste und fünfte Ebene mit den beiden zuvor genannten Ebenen in einer Linie zu sein: Hier werden Bedürfnisse der Selbstverwirklichung platziert. Das Realisieren des eigenen persönlichen Potentials, die Suche nach individuellem Wachstum, persönlichen Zielen und das Sammeln von eigenen unverwechselbaren Erfahrungen sind Momente, die zu diesem Typus von Bedürfnissen an der Spitze der Bedürfnishierarchie zu zählen sind. Es liegt auf der Hand, dass ein unmittelbarer Nexus zu unserer Frage nach der Organisation und Ausrichtung von Konsum gegeben ist. Fast alle Bedürfnisse oberhalb der sogenannten „basic needs" sind sozial geformt und ihre Bedeutung wird im Kontext der Gesellschaft transportiert, so dass sie nicht a priori „richtig" oder „falsch" sind. Dem einen Menschen mag es ein hoher Wert sein, ein hohes Einkommen zu erzielen und hochstellige schwarze Zahlen auf dem Bankkonto zu haben, während es dem nächsten Menschen eher wichtig ist, ökologische oder sozial-karikative Ziele zu verfolgen und daraus Befriedigung zu ziehen. Je höher die Autonomiegrade einer Gesellschaft sind, wenn sie ein Wohlstandsniveau erreicht hat, dass die Befriedigung der Basisbedürfnisse abdeckt, um so relativer, ergebnisoffener und manipulierbarer wird die konkrete Ausgestaltung der weiteren Bedürfnisse.

Einen anderen Weg beschritt das populäre Buch von Daniel Riesman, Nathan Glazer und Reuel Denney (1958, amerik. zuerst 1950), die historisch die Gesellschaften anhand ihrer Bevölkerungsparameter untersuchen und den verschiedenen Entwicklungsstadien einen spezifischen „Sozialcharakter" zuordnen. *„Die einsame Masse"* (Riesman et al. 1958) beschreibt den Wandel in der sogenannten Charakterstruktur der Menschen vom selbstdisziplinierten, eigenmotivierten Individuum, wie er in der Literatur als Typus des bürgerlichen Menschen bekannt ist, zu einem vorwiegend auf seine Bezugsgruppe fixierten und auf sozialen Druck (re)agierenden Akteur. In der heutigen Zeit wäre demnach der *außengeleitete Charakter* (Riesman et al. 1958) das spezifische Porträt, das das Verhalten von Individuen beschreibt. „Es wäre nun wirklich sehr erstaunlich, wenn Veränderungen in den Grundbedingungen der Fortpflanzung, Lebenshaltung und Lebenserwartungen den Charakter unbeeinflusst ließen. Eine Veränderung der Versorgungslage und der Nachfrage nach Arbeitskräften wird zur Folge haben, dass sich der Lebensraum der Bevölkerung, die Größe der Märkte, die Rolle der Kinder, die Gefühle für Vitalität und Senilität in der Gesellschaft und viele andere, nicht ohne weiteres fassbare Faktoren ebenfalls ändern," und jedem dieser drei Stadien der Bevölkerungskurve entspricht eine bestimmte Art von Verhaltenskonformität, die „einen bestimmten sozialen Charakter formt, und zwar jeweils auf ganz verschiedene, aber durchaus erkennbare Art und Weise" (Riesman et al. 1958, S. 24 f.).

Der historisch für die Zeit davor konstitutive *innengeleitete Charakter* beruhte auf der Orientierung des Individuums an einem „Inneren" in dem Sinne, dass Werte des Individuums in einer frühen Biographiephase von „Älteren" übernommen und tief als verallgemeinerte und unentrinnbare Ziele (z. B.: Reichtum, Ruhm, Macht) internalisiert werden. Der innengeleitete Charakter besitzt damit einen kognitiven Kompass mit abstrakten Wertmaßstäben, die prinzipiell universell und auf alle verschiedenen sozialen Situationen anwendbar sind. Sein Lebenssinn gründet sich vornehmlich auf den Beruf. Dieser innengeleitete Charakter ist Riesman et al. (1958) zufolge konstitutiv für das 19. Jahrhundert. In Abgrenzung dazu wurde wiederum der *traditionsgeleitete Charakter* für den davor liegenden Zeitraum identifiziert, welcher stark sippen- und familienbezogen war und bei dem neben ökonomischen Belangen auch Riten und Religion wichtige Orientierungshilfen abgaben.

Der nach Riesman und Koautoren (1958) heute konstitutive außengeleitete Charakter bezieht seinen Lebenssinn hauptsächlich aus der Orientierung an der Freizeit und dem Bemühen, Unterhaltung und Vergnügen zu finden. Die „anderen Menschen" sind der Maßstab des eigenen Handelns, sie geben vor, was „in" und „out" ist, und der Einzelne versucht ständig, diesen Umweltanforderungen gerecht zu werden und die Rollenerwartungen zu adaptieren. Die Orientierung an Mitmenschen und Umwelt vollzieht sich ähnlich wie bei einem Radar, das alle Nuancen zu erfassen sucht. Damit ergibt sich unmittelbar der Link zur Konsumforschung, weil sich in der „einsamen Masse", dieser „neuen Welt" der einsamen Menschen in der

Massengesellschaft Konsum immer häufiger zum Selbstzweck entwickelt hat. Das Wesen von Arbeit und Freizeit verändert sich, wenn es mindestens genauso wichtig geworden ist, Güter zu verkaufen wie diese herzustellen. Das Standardpaket von Konsumgütern besteht aus einem „Sortiment von Gütern und Dienstleistungen einschließlich Gegenständen des Hausrats wie Möbel, Radio, Fernsehapparat und …. Standardmarken der Nahrung und Kleidung" (Riesman et al. 1958, S. 19). Dabei weist sich dieses Standardpaket vor allem durch eine auffällige Gleichförmigkeit und Universalität aus, die sich nicht nur auf Konsumartikel im engeren Sinne bezieht, sondern auch auf die Kultur und Medien im weiteren Sinne. Nicht mehr traditionelle Werte werden gelebt und vermittelt nach dem Credo, dass Dinge gemacht werden, wie sie schon immer gemacht wurden, sondern es wird vermittelt, was gerade das Maß der Diskussion ist: Eltern beziehen sich immer mehr auf Ratgeber in Form von Büchern und andere Instruktionen, pädagogische Kurse, Fortbildungen und Filme, die den Ton der Neuzeit angeben. Sozialer Sinn des Lebens wird immer häufiger gelebt durch bestimmte Konsumdinge und Konsumpraktiken. Es ist die Art der Urlaubsziele, die Art der Kleidung und Fortbewegung und des gesamten Entertainments, die den Konsumenten als zu erstrebendes Lebensziel suggeriert wird. In diesem Sinne entstehen neue Freizeitindustrien inklusive der sogenannten Tourismusindustrien mit historisch neuartigen Berufsbildern wie denen der Animateure. Animateure vermitteln Konsumenten, was Spaß macht und wie man sich anstellen muss, damit es Spaß macht.

Konsum und die Differenzierung von Lebenslagen

3

Auch bezüglich der Frage, inwieweit sich *innerhalb* einer konkreten Gesellschaft Differenzen in der Verwendung von Einkommen abbilden, lässt sich gedanklich mindestens bis auf *Karl Marx* zurückgehen: Letztlich ging es um die Frage, inwieweit es ein Entsprechungsverhältnis von kulturellen Phänomenen und der Ausgestaltung und Beschaffenheit der wirtschaftlichen Gegebenheiten im Sinne einer „Eins-zu-Eins-Determination" gibt oder inwieweit eine relativen Autonomie kultureller Phänomene in Rechnung gestellt werden kann.

Auch Georg Simmel lässt sich mit seinen Arbeiten in diesem Zusammenhang anführen: Er beschreibt stärker die Mechanismen, die der von Max Weber so genannten „sozialen Ordnung" unterliegen. In seiner „Philosophie des Geldes" (Simmel [1901] 1989) geht Simmel beispielsweise detailliert auf den modernen „Stil des Lebens" ein, der die menschlichen Verkehrsformen verkompliziere. Dies äußere sich vor allem in der zunehmenden *Distanzierung* der sozialen Kreise, der Ersetzung traditioneller *Rhythmen* des sozialen Lebens durch komplexere Formen und in Form des zunehmenden Tempos des sozialen Wandels. Die Differenzierungen der alltäglichen Kultur zeigen sich Simmel zufolge einerseits in einer wachsenden „Vielheit" der kulturellen Stile und in deren häufigen Wechsel, was Simmel auf den Begriff der Differenzierung im Nebeneinander und im Nacheinander bringt. Diese Reflektionen lassen sich relativ umstandslos bis zu dem verlängern, was in heutigen Überlegungen unter dem Label von Exklusions- und Inklusionslogiken (Bosch 2011) von Konsum in der Gesellschaft firmiert.

Ein Großteil der Diskussion über eine Pluralisierung der Lebensstile und Milieus (Beck 1986; Zapf et al. 1987; Bögenhold 1994; Schwenk 1996; Hartmann 1999; Richter 2006; Rössel 2009; Rössel und Otte 2012) markiert die Auseinandersetzung um die Frage der Varianz von Lebenslagen und der relativen Autonomie von Lebenspraxis gegenüber der materiellen Basis von Menschen. Schließlich war deutlich geworden, dass Kategorien wie Alter, Bildung, Geschlecht oder Ethnizität

© Springer Fachmedien Wiesbaden 2016

D. Bögenhold, *Konsum: Reflexionen über einen multidisziplinären Prozess,*
essentials, DOI 10.1007/978-3-658-11142-7_3

als Quellen von zunehmender Differenzierung angesehen werden können, die es verhindern, dass Menschen mit dem, was sie „sind", d. h. was sie beruflich machen, in eine unmittelbare Gleichheit zu dem gesetzt werden können, wie sie sich praktisch verhalten. Schon bei Max Weber waren die Bemühungen einer Abgrenzung gegenüber einer von ihm als zu krude erachteten Dualsemantik erkennbar, indem er auf die Binnendifferenzierungen der „großen" Klassen hinwies. So lautet es bei Weber beispielsweise: „,Besitz' und ,Besitzlosigkeit' sind daher die Grundkategorien aller Klassenlagen…. Innerhalb dieser aber differenzieren sich die Klassenlagen weiter, je nach der Art des zum Erwerb verwertbaren Besitzes einerseits, der auf dem Markt anzubietenden Leistungen andererseits" (Weber [1921] 1972, S. 532). Für Weber fungierten gerade die *Stände* als Hemmnis einer „konsequenten Durchführung des nackten Marktprinzips". So sind Stände spezifische Arten von „Lebensführung" (Weber 1972, S. 538), die sich nach dem Prinzip des Güterkonsums organisieren (Weber 1972, S. 534). Damit ist in wenigen knappen Worten bereits ausgedrückt, was das eigentliche Programm von Konsumforschung ist, nämlich die Art und Weise des Güterkonsums nicht schlicht aus der einen oder anderen Stellung im Berufsleben „abzuleiten", sondern diese als eingewoben in eine bestimmte Form von sozialer Ordnung zu betrachten, die ihrerseits systematisch zu erforschen ist, um der sozialen Logik näher zu kommen, die Entscheidungen der Verwendung von Geld- und Zeitressourcen inneliegt.

Autoren unterschiedlicher wissenschaftstheoretischer Einbindungen nahmen diese „Spur" seitdem mit verschiedenen Akzenten und Fragestellungen immer wieder neu auf. Theodor Geiger war beispielsweise einer dieser Vertreter. In seinem Spätwerk *„Die Klassengesellschaft im Schmelztiegel"* (Geiger 1949) verwies er explizit auf weitergegangene Differenzierungen der Berufs- und Sozialstruktur, die die Auffassung der statisch bipolaren Gesellschaft für nicht länger angebracht erscheinen lasse. Er argumentierte gegen das antagonistisch-bipolare Strukturbild der Gesellschaft und bemerkte, dass entgegen dem vertikalen Schichtungsbild auch „*quer*" sich vollziehende Schichtungen zu finden seien, die er explizit „Horizontalschichtung" nannte, die in erster Linie von *kultursoziologischem* Belang sei (Geiger 1949, S. 146). In demselben Atemzug ließen sich auch Schelskys Formulierungen von der „nivellierten Mittelstandsgesellschaft" (Schelsky 1968) nennen, die als eine Antithese zu dem bipolaren Klassenmodell zu lesen sein sollten: „Die Kompliziertheit dieser und anderer Vorgänge der ,Entschichtung' unserer Gesellschaft lassen die These von der ,nivellierten Mittelstandsgesellschaft' klar als eine vorläufige Antithese erscheinen, die sich für eine intensive Analyse der gegenwärtigen Gesellschaftsstruktur auf die Dauer als zu grob und zu summarisch erweist" (Schelsky 1968, S. 404).

In dem sprachlichen Fahrwasser von der „Horizontalschichtung" (Geiger) war es dann Jahrzehnte später Ulrich Beck (1986), der von einer Diversifizierung und Individualisierung von Lebenslagen sprach und in diesem Sinne die hier vorgezeichnete Linie verlängerte. Beck argumentiert, dass die Diversifizierung von Lebenslagen eng mit der Frage der Gestaltungsoptionen verknüpft ist: Je ausgeprägter die Autonomie bezüglich der Verwendung von Zeit und Geld wird, desto offener wird die Frage, in welcher konkreten Praxis sich diese Verwendung materialisiert. Beck (1986) sieht, dass sich das Einkommens- und Bildungsniveau in den letzten Jahrzehnten zwar deutlich erhöht hat, doch damit sind die Ungleichheitsrelationen weitgehend unverändert geblieben. Aber solche Niveauverschiebungen – so die These – führen zum Wegschmelzen subkultureller Klassenidentitäten, zu einer Enttraditionalisierung von Klassenlagen und zu Prozessen von Diversifizierung und einer Individualisierung von Lebenslagen und Lebenswegen. Die Faktoren in Richtung Individualisierung liegen in gestiegener sozialer und geographischer Mobilität, im Aufbau von sozialstaatlichen Sicherungs-und Steuerungssystemen, in gestiegenen Binnendifferenzierungen und betrieblichen Statushierarchien, zunehmenden Konkurrenzbeziehungen auf dem Arbeitsmarkt, im Ersetzen „alter" Wohngebiete durch „neue" und in einer gestiegenen Arbeitsmarktdynamik. Individualisierung ist, ähnlich wie die Formulierung von der „einsamen Masse" (Riesman et al. 1958) es gemeint hatte, eine gesellschaftlich standardisierte, kollektiv individualisierte Existenzweise und insofern immer auch ein Produkt gesellschaftlicher Verhältnisse. Mit der Pluralisierung der Lebensstile vollzieht sich die Horizontalschichtung. Immer weniger können wir davon ausgehen, dass mehrere Personen mit demselben nominellen Einkommen in derselben Art und Weise ihren Konsum zusammenstellen: Zu unterschiedlich sind Biographien, gesellschaftliche Werte und individuelle Ziele, als dass es auf ein *Standardkonsumpaket* hinausliefe. Die konkrete Verwendungsordnung von Einnahmen und Vermögen für Ausgaben ist eine relativ offene Frage. Jenseits der Zwänge für eine Reihe von universell notwendigen Ausgaben für alle Haushalte, also der Befriedigung der „basic needs" (Maslow 1954), gibt es einen offenen Bereich von Ausgaben, der von den Präferenzsystemen von Wirtschaftsindividuen vorgegeben wird. Für die Untersuchung des Ausgabenprofils unterschiedlicher Haushaltstypen im Zeitablauf geben die Studien von Bögenhold und Fachinger (2005) und von Reckendrees (2007) Einblick. Diese Präferenzsysteme sind zwar auch in hohem Maße gesellschaftlich vermittelt, dennoch sind sie für historische Veränderungen und individuelle Interpretationen in weiten Teilen *amorph*. Und genau das macht die Attraktion des Themas Konsumforschung aus, die vornehmlich danach fragt, wie Menschen mit variierenden Freiheitsgraden in Abhängigkeit von Raum und Zeit und Lebensstilen und Milieus mit ihren Ressourcen umgehen.

Konsum und Mode(n) 4

In einer Konsumgesellschaft unterliegen diese Freiheitsgrade vielfältigen Einflüssen. Einer dieser Einflüsse ist unmittelbar mit dem Begriff der Mode verbunden. Konsum und Mode gehören sachlich und thematisch eng zusammen. Mode bzw. Moden sind gewissermaßen Verstärker von Konsum. Sie formen Präferenzen und zugrunde liegende Rationalitäten. Mode ist nicht nur generell ein akademisch ausgesprochen interessantes und bedeutendes Thema in der Soziologie und im Bereich gesellschaftswissenschaftlicher Reflektion, sondern sie fungiert auch als ein wichtiges analytisches Element für Theorien sozialen Wandels. So wird die Beschäftigung mit ihr – wie es der Soziologe *René König* formulierte – „gleichsam zum Testfall der soziologischen Theorie" (König 1969). Zyklizitäten von Moden, deren Rhythmik, Persistenz und Diffusionsdynamiken besser zu verstehen, als dieses heute gegeben ist, bedeutet einen tieferen Einblick in wirtschaftliche, kulturelle, soziale und politische Veränderungsdynamiken zu erhalten[1].

Dabei ist Mode bekanntlich ein Begriff, der den meisten Zeitgenossen in verschiedenen umgangssprachlichen Zusammensetzungen geläufig ist. So haben viele Menschen ein intuitives Vorverständnis von dem, was Mode darstellt. Dasselbe gilt für das Adjektiv „modisch": Mit Selbstverständlichkeit wird im Alltagsleben etwas als spezifisch *modisch* oder *unmodisch* klassifiziert, ohne dass auch nur nach den Parametern gefragt würde, mit denen diesbezüglich attribuiert wird. Die grundlegende Frage lautet aber, was unter Mode in einer *soziologischen* Betrachtung verstanden werden kann? Diesbezüglich lässt sich an die losen Enden und offen gebliebenen Fragen einer langen Tradition renommierter Autoren anknüpfen. *Thorstein B. Veblen* hatte etwa vor mehr als hundert Jahren nach den Normen von Geschmack gefragt und auf die soziale Konstruktion von Ästhetik und Schönheit

---

[1] Für eine empirisch gehaltvolle Studie der Modezyklizitäten und deren sozialer inhärenter Regelhaftigkeiten vgl. die Studie von Haberler (2012) für die Textilproduktion.

© Springer Fachmedien Wiesbaden 2016
D. Bögenhold, *Konsum: Reflexionen über einen multidisziplinären Prozess,*
essentials, DOI 10.1007/978-3-658-11142-7_4

verwiesen. *Georg Simmel* hatte sich mit dem „komplexen Gebilde" der Mode (Simmel 1986, S. 201) beschäftigt und *Werner Sombart* bezeichnete die Mode gar als des „*Kapitalismus liebstes Kind*" (Sombart 1986, S. 104), das dessen Eigenart zum Ausdruck bringe, wie es sonst nur wenige andere Phänomene des sozialen Lebens vermögen. Unterschieden wird bei Sombart zwischen dem Begriff *Massenbedarf* und dem *massenhaften Bedarf:* Der sogenannte Massenbedarf impliziert den Gedanken der Uniformität – ein großer Teil der Bevölkerung verlangt ein und denselben Artikel; wohingegen der massenhafte Bedarf den Anstieg des Verlangens nach vielen verschiedenen Arten von Artikeln bezeichnet. In der heutigen modernen Gesellschaft ist das Phänomen des Massenbedarfs allgegenwärtig und eben dieses versucht Sombart zu erläutern. Mit dem Massenkonsum geht eine „*Urbanisierung des Geschmacks*" und eine „*Schablonisierung des Gehirns*" einher.

Es ändern sich auch die Anforderungen an Gebrauchsgüter, während früher noch auf Langlebigkeit und Dauerhaftigkeit gesetzt wurde, so tritt nun „die Lust am Gefälligen, Leichten, Graziösen, am Chic" (Sombart 1986, S. 86) an ihre Stelle. Laut Sombart beginnen die Menschen nun, ihre innere Unruhe nach außen zu projizieren, indem sie ein immerwährendes Bedürfnis nach etwas Neuem verspüren. Menschen konsumieren Gebrauchsgegenstände in viel kürzerer Zeit und wenden sich Neuem zu, obwohl das Alte noch funktionsfähig wäre. Laut Sombart passiert dies nicht immer ganz freiwillig, sondern ein äußerer gesellschaftlicher Zwang führt zu diesem andauernden Druck. Jeder Mensch ist in seiner Rolle als Konsument – so Sombart – gezwungen, dem Wandel der Mode zu folgen. Mode beruht auf Wechselhaftigkeit einerseits und auch auf der Vereinheitlichung der Nachfrage andererseits. „Jede Mode zwingt immer eine große Anzahl von Personen, ihren Bedarf zu unifizieren, ebenso wie sie ihn nötigt, ihn früher zu ändern, als es der einzelne Konsument, wäre er unabhängig, für erforderlich halten würde" (Sombart 1986, S. 91).

So ist der andauernde Modewechsel ein typisches Merkmal unserer Zeit, und dieser Wechsel wird vom kapitalistischen System beschleunigt. Mode ist nämlich nur so lange als Mode zu bezeichnen, bis sie auch für die breite Masse zugänglich gemacht wird. So kommt es vor, dass einer Mode nur eine kurze Zeit Exklusivität gewährt wird und schon bald preisgünstige Modelle auf den Markt gebracht werden, um eine neue Mode zu rechtfertigen. Diese Eigenart wird unter dem Begriff der „*Moderaserei*" (Sombart 1986, S. 103) zusammengefasst.

Wenn das *Wirtschaftssystem Kapitalismus* zunehmend darauf angewiesen ist, dass konsumiert wird, dann ist das Phänomen der Mode gewissermaßen zu einem wirtschaftlichen Wachstums- und Innovationsfaktor geworden. Freilich ist es nicht so, dass Mode nur oktroyiert wird, nur konspirativ in Hinterzimmern herrschender Elitenkreise des Kapitalismus immer neu ausgedacht wird, sondern neue Entwicklungen koinzidieren mit der Akzeptanz derer, die Mode anwenden, kaufen und tragen wollen. Das war das Thema bei Georg Simmel. Zwar wird auch in seinem Verständnis Mode zumeist importiert, vor allem die Pariser Mode, aber sie wird akzeptiert, zunächst von den herrschenden Klassen, dann adaptiert von den niederen. Getreu seinem in verschiedenen Schriften wiederkehrendem Prinzip der Wechselwirkung wendet er stets das Prinzip der Nachahmung einerseits und das des Sich-Unterscheiden-Wollens andererseits als gewissermaßen physiologische Grundlagen der menschlichen Natur an. Dieser Dualismus von Nachahmung und Unterscheidung und deren Wechselwirkungen beschreiben das Phänomen der Mode als Erzeugnis von sozialen und psychologischen Faktoren, die dem menschlichen Prinzip des Verhaltens in der Wahrnehmung von Simmel zugrunde liegen: „Aus dem gleichen Grundgefüge ergibt sich, dass die Mode der eigentliche Tummelplatz für Individuen ist, welche innerlich unselbständig und anlehnungsbedürftig sind, deren Selbstwertgefühl aber zugleich einer gewissen Auszeichnung, Aufmerksamkeit, Besonderung bedarf" (Simmel 1986, S. 190). Die jeweilige Mode zwingt die Menschen, sich ihr gegenüber zu positionieren. Ob es nun der Modenarr oder Modeheld (Simmel 1986, S. 191) oder der „absichtlich Unmoderne" (Simmel 1986, S. 192) ist, es handelt sich stets um ein „gegenseitiges Sich-Abheben" (ebd.). Nach Simmel bemüht sich der Mensch mit Hilfe der Mode, seiner Persönlichkeit Ausdruck zu verleihen und ein bestimmtes Bild seiner Selbst entstehen zu lassen. Allerdings sind Moden stets temporäre und exklusive Phänomene: „Das Wesen der Mode besteht darin, dass immer nur ein Teil der Gruppe sie übt, die Gesamtheit aber sich erst auf dem Wege zu ihr befindet" (Simmel 1986, S. 187). Moden fungieren damit als Konsumverstärker und als Generatoren von Konsumentscheidungen. Konsumentscheidungen sind häufig auch Geschmacksentscheidungen von „für" bzw. „gegen etwas". Geschmack wird dabei verstanden als ein *Klassifizierungsprinzip*, das *„als die Gesamtheit der getroffenen Wahlentscheidungen"* aufgefasst werden kann, wie Bourdieu (1993) es andernorts ausdrückte.

Entscheidungen für oder gegen bestimmte Produkte vollziehen sich stets in einem Kontext von vorhandenen Entscheidungsalternativen. Die Muster, nach denen Moden wechseln, lassen sich drei separaten Einflusstypen zuordnen: Externe Einflüsse, interne Mechanismen und idiosynkratische, geschichtliche Entwicklungen (Lieberson 2000). Diese drei Einflussvariablen interagieren in vielfältigen Arten, so dass praktisch verschiedene Schnittmengen bestehen, die bei Lieberson (2000) unter der Variable von „Interactions and Complexity" fungieren.[2]

Am Beispiel der Mode wird deutlich, dass es gerade der Soziologie in Verbindung vielleicht mit der Anthropologie und der Wirtschaftspsychologie vorbehal-

---

[2] Lieberson (2000) bezog sich empirisch auf die Untersuchung der Moden bei der Vergabe von Vornamen. Eine Replikation dieser Studie für Deutschland ist die Arbeit von Gerhards (2010).

ten ist, substantielle Studien zu betreiben. Mode ist etwas stets sich Wandelndes, Oszillierendes und im Ergebnis partiell immer wieder Neues (Haberler 2012; Lehnert 2014), das in seiner sozialen Decodierung analysiert werden muss. „Consumer goods have a significance that goes beyond their utilitarian character and commercial value. This significance consists largely in their ability to carry and communicate cultural meaning" (McCracken 1990, S. 71). Eine solchermaßen konstatierte *soziale* Signifikanz verweist insofern auf die akademische Dominanz der Soziologie und deren Nachbarwissenschaften, als es sich hier um Verhalten handelt, das *erlernt* ist und subtilen Logiken gehorcht, die auf den Bereich des Sozialen verweisen. Ein mit dieser Thematik unmittelbar zusammenhängendes Forschungsfeld ist das des „*demonstrativen Konsums*" (Veblen 1986) und das der „*feinen Unterscheide*" (Bourdieu 1982), die sich auf die graduellen Differenzen von „mehr" und „weniger" im Sinne von „besser" und „schlechter" situiert zu sein beziehen. Demnach fungieren Konsumpraktiken als „Symbols of Class Status" (Goffman 1951). In vielerlei Hinsicht gilt bezüglich der Grundlagen von Diskussionen über Konsumpraktiken noch immer, was DiMaggio (1994) bereits vor mehr als 20 Jahren feststellte, nämlich „(…) starting point of any discussion of life styles and consumption patterns must be the work of Thorstein Veblen and Pierre Bourdieu" (DiMaggio 1994, S. 458).

Ohne Frage stellt das in heutiger Zeit immer breiter rezipierte Werk von Pierre Bourdieu (1982) gegenwärtig einen Dreh- und Angelpunkt sozialwissenschaftlicher Konsumforschung dar (Bögenhold 2007b). Und ein Autor wie Thorstein Veblen ist sicherlich für die Konsumforschung ein gewichtiger Referenzpunkt, da seine verschiedenen Arbeiten sowohl theoretisch als auch empirisch bedeutsam sind. Thorstein Veblen ist etwa im Marketing bestens bekannt mit dem Terminus technicus des sogenannten Veblen-Effektes, obwohl seine Schriften selber weniger dort rezipiert werden: „Güter mit bekannt hohem Preis nach(fragen), um sich von ihrer Umgebung abzuheben – eine Erscheinung die (…) Veblen (…) als ‚auffälligen' Konsum bezeichnete. (…) Steigt der Preis solcher Güter, mit denen man protzen kann, so erhöht sich die Nachfrage, weil sich der Angeber davon eine weitere Prestige-Steigerung verspricht. Alle Leute können sehen, wie viel er sich leisten kann" (Streissler und Streissler 1994, S. 143).

„The Theory of the Leisure Class" (Veblen 1899) liegt in deutscher Übersetzung als „Theorie der feinen Leute" (Veblen 1986) vor. Häufig wird das Buch im deutschsprachigen Kontext heute vorrangig als soziologischer Titel klassifiziert, obwohl Veblen zu seiner Zeit als Ökonom galt. Darin drückt sich aus, dass Veblen gegenwärtig als Klassiker sowohl in der Ökonomik als auch in der Soziologie firmiert. So muss man ihn zu dem Genre von Fachgelehrten zählen, die heute als Sozialökonomen bezeichnet werden, wobei Veblen hier sicherlich ein federführender Name ist.

Die „Theory of the Leisure Class" liest sich wie ein langer, gelegentlich satirischer Essay, das Buch hat so gut wie keine Literaturverweise und weicht von der klassischen akademischen Abhandlung in mancherlei Form ab. Aus diesem Grunde war auch die Erstveröffentlichung lange in Frage gestellt, weil der Verleger den Autor Veblen mehrere Male zu Überarbeitungen und Revisionen anhielt, um sich dann überhaupt zu der Publikation durchzuringen. In der „Theorie der feinen

© Springer Fachmedien Wiesbaden 2016   23
D. Bögenhold, *Konsum: Reflexionen über einen multidisziplinären Prozess,*
essentials, DOI 10.1007/978-3-658-11142-7_5

Leute" prägt Veblen den Begriff „*conspicious consumption*", also den „auffälligen" oder „demonstrativen" Konsum. Nach Veblen gibt es einen steten gesellschaftlichen Konflikt zwischen Geschäftsleuten („businessmen") und Technikern. Die Fokussierung auf das Materielle in der Gesellschaft vereinige die mit dem Geldwesen befassten Personen (Banker, Broker) und Rechtsanwälte und Manager einerseits, während auf der anderen Seite die Techniker und Ingenieure zusammen mit den Arbeitern stehen, die letztendlich allesamt in der Rationalität der Maschinen sind, die es zu beaufsichtigen gilt. Die erstgenannte „Klasse" fungiert bei Veblen als die „Leisure Class", also als Klasse von Müßiggängern, die eine parasitäre Rolle in der Gesellschaft innehaben. Ihre Mitglieder sind primär von dem Motiv getrieben, „Geld zu vermehren" und ihren Reichtum in für andere Menschen sichtbarem Konsum zur Schau zu stellen. Ausdrücklich schloss Veblen die Aristokratie in seine Betrachtung mit ein.

Damit hatte Veblen in dem Buch teilweise auch die sozialpsychologische Basis wichtiger amerikanischer Institutionen zum Thema gemacht, weshalb er heute auch zu den Begründern des ökonomischen Institutionalismus gezählt wird. Veblen hatte andernorts auch Publikationen in arrivierten Fachzeitschriften wie dem „*The Quarterly Journal of Economics*" (1898, 1906), „*The American Journal of Sociology*" (1898) oder „*The Journal of Political Economy*" (1909), in denen er sich beispielsweise mit Fragen des ökonomischen Wandels oder der Grenznutzenschule auseinandersetzte. In der „*Theory of the Leisure Class*" (Veblen 1899) wird gefragt, warum wir häufig das Gegenteil von dem beobachten können, was die klassische Ökonomik lehrt, nämlich dass mit steigendem Preis für Waren die Nachfrage kontinuierlich zurückgeht. Stattdessen beginnt die Nachfrage für einige Produkte erst dort zu steigen, wo die meisten Menschen diese Güter nicht mehr erwerben. Veblen sagt – konträr zur Schulmeinung –, dass hier eine Rationalität wirkt, die außerhalb des engen Rahmens der konventionellen Ökonomik liegt. Mit Blick auf Fragen des Konsumierens und die „hinter" dem Konsum stehende soziale Handlungsrationalität der Verwendung von Einkommen lässt sich sagen, dass die Präferenzsysteme von Individuen *nicht* im Sinne von schematischen und linearen Preis-Nachfrage-Mechanismen erklärt werden können. Die klassische Annahme, dass bei stetigem Anheben des Preises von „Gut A", die Nachfrage zurückgeht, eine Annahme, die bis zu den Basisannahmen der Grenznutzenschule zurückgeht, ist empirisch nicht gedeckt, wenn man beispielsweise nur an viele Luxusartikel wie Spitzenuhren oder Automobile des obersten Preissegmentes, Kunstgegenstände, Luxuswohnungen und Luxusurlaube, Spitzenweine und viele weitere knappe Artikel dieser Art denkt, für die stets Knappheit gegeben ist. Somit ist in diesen Fällen das exakte Gegenteil der argumentativen Grundfigur empirisch zu beobachten: Erst ab einem Zeitpunkt, an dem der Erwerb eines Gutes gleichzeitig als Indikator von Inklusion und Exklusion fungiert, erwacht eine Nachfrage auf Grund der Tatsache, dass der Besitz bzw. die Möglichkeit zum Erwerb des Gutes als ein soziales *Signal* wirkt, also als ein „demonstrativer Konsum" (Veblen 1986). Veblen beschreibt damit ein Phänomen, das auch gegenwärtig anhaltend aktuell ist.

Mit dieser Art des Denkens und Argumentierens fungiert Veblen heute als einer der frühen Vertreter eines institutionalistischen Denkens, das heute unter dem Label der *Sozio*ökonomik vielleicht bekannter ist. Das Wirken ökonomischer Abläufe vollzieht sich nicht „aus sich selbst" heraus und menschliche Aktivitäten funktionieren nicht analog der Denkfigur, die mit dem Homo Oeconomicus unterstellt wird, nämlich dass menschliche Bedürfnisse universell und quasi genetisch vorgegeben sind, sondern es gibt hier eine *„eigene Logik"*, nach der die Eigendynamik sozial-emotionaler Bedürfnisse und der soziale Kontext entscheidend sind. Veblen sieht die Formierung von Präferenzen und die Etablierung von Geschmack als eine *soziale Konstruktion* an, d. h. „Merkmale der Kostspieligkeit" werden zu „Merkmalen der Schönheit" (Veblen 1986, S. 132). Die „unentwirrbare Vermischung des Kostbaren mit dem Schönen", wie Veblen (ebd.) formuliert, führt zu einem Dreiklang, demnach Kostspieligkeit zur definitorischen Festsetzung von Schönheit führt und diese bzw. deren Besitz wiederum zu Prestige führt. Begehrt sind diejenigen, die die Merkmale der Knappheit exklusiv auf sich vereinigen können. Diese „Schönheitsgesetze" (Veblen) zeigen sich an diversen Attributen wie Wohnhäusern, Möbeln, Kleidung, Vorgärten und Parks. Umgekehrt steht das, was „billig" ist, als eine Art Synonym für Hässlichkeit.

Insofern haben Konsumstile eben stets die innewohnende Funktion, die gesellschaftliche Position ihrer Nutzer oder Anwender zu *demonstrieren*. Der Besitz von solchermaßen als wertvoll definierten Gegenständen macht aber auch „innerlich" zufrieden, es bringt den Verfügern solchermaßen „Freude" und „Vergnügen" (Veblen 1986, S. 132). Insofern überlagern sich hier unterschiedliche Funktionen, die Wiswede (2000, S. 25) als separate Ebenen herausgestellt hat, nämlich Objektbelohnung (ein Produkt erweist sich als besonders funktionstüchtig), Sozialbelohnung (der Kauf und die Verwendung von Güter führt bei Dritten zu sozialer Anerkennung oder Neidgefühl) und Selbstbelohnung (die Anschaffung oder die Nutzung des Konsumgutes macht dem Nutzer Freude, weil es mit den internalisierten Standards und Erwartungen korrespondiert).

Ähnliches hatte später Fred Hirsch (1980) mit seiner Unterscheidung zwischen Gebrauchsgütern und Positionalgütern im Sinn. Letztere existieren auf Grund der sozial-binären Logik von „Haben-" und „Nicht-Haben-Können" und dessen Konsequenzen für die gesellschaftliche Organisation von Sozialprestige. Mit anderen Worten: Dinge und deren Besitz fungieren als Signale im sozialen Raum, sie sind Ausdruck von Schicht- und Klassenassoziation (ähnlich bereits Goffman 1951; Bohn 2000).

Vor allem Pierre Bourdieus Werk „*Die feinen Unterschiede*" (Bourdieu [1979] 1982) hat sich zu einem modernen Klassiker entwickelt. Es bezieht Ergebnisse der Sozialisationsforschung, der Konsumforschung und der Bildungssoziologie in eine Art interdisziplinäre Kultursoziologie und Zeitdiagnose ein. Unter Beibehaltung einiger Annahmen der materialistischen Klassentheorie bezüglich sozialer Ungleichheit verfeinert Bourdieu seine Betrachtung so radikal, dass Ungleichheiten selbst noch in subtilsten Repräsentationsfeldern von Individuen nachgewiesen werden können, z. B. in Geschmacksfragen, Wohnungseinrichtungen, Urlaubsorten und ähnlichem. Gerade wenn sich Ungleichheiten in gegenwärtigen, entwickelten Marktgesellschaften nicht mehr primär an materiellen Verteilungskämpfen festmachen lassen, sondern an Distinktionspraktiken im Bereich der symbolischen – und das meint: kulturellen – Präsentationsformen, dann gewinnt Bourdieus Perspektive aktuelle Relevanz. Seine Art der Gesellschaftsanalyse lässt sich vielleicht am besten als eine Soziologie sozialer Praxisformen bezeichnen, die die Einheit von Wirtschaft und Gesellschaft ernst nimmt und nach deren Formung im jeweiligen Zeit-Raum-Kontext fragt.

Konsum stellt hier einen entsprechenden Anwendungsbereich dar, in dem sich Wirtschaft und Gesellschaft spezifizieren. Bourdieu postuliert die *relative* Autonomie von Lebensstilen und gesellschaftlichen Milieus mit einer eigenen Sozialprägungskraft. Dabei unternahm er eine genuine Konsumforschung mit einer beeindruckenden Liebe zu Details: Differenziert wurden Sportgewohnheiten abgefragt, es interessieren auch Häufigkeiten von Gästen und Gewohnheiten bei der Bewirtung von Gästen (wann kommt Besuch, welches Geschirr, welches Besteck gibt es, wie sind die Gäste gekleidet, gibt es Hintergrundmusik, bringen die Gäste Geschenke wie etwa Wein, Nachtisch oder Blumen mit oder kommen sie ohne Geschenke?).

Bei den Ernährungsgewohnheiten von Facharbeitern und Angestellten werden Ausgaben abgefragt nach Kornerzeugnissen (darunter Brot, Feinbackwaren, Biskuit, Reis, Nudeln und Mehl), bei Fleisch wird gefragt nach Rind, Kalb, Lamm, Pferd oder Schwein, bei Fetten nach Butter, Öl, Margarine oder Schmalz. Das sind nur ein paar beliebige Beispiele für die Detailschärfe, mit der Bourdieu und Kollegen sich ihrem Gegenstand näherten. Bei Fragen nach der Körperhygiene wird nach der Schuhgröße, den Durchschnittsnoten gefragt, die sich die Befragten selber für ihre Haare, das Gesicht, die Augen, die Haut, die Zähne, den Körper, die Nase und die Hände geben. Von Interesse ist, ob die Befragten Anstrengungen der Gewichtsreduktion unternehmen und auf welche Weise. Baden oder duschen die Befragten mindestens einmal pro Tag, verbringen sie mehr als eine halbe Stunde auf Toilette und gehen sie mindestens alle 14 Tage zum Friseur: Beispiele aus einem sehr viel differenzierteren Fragenkatalog. Ferner wird gefragt, ob

Abenteuerromane, Kunstbücher und Krimis gelesen werden, ob ein Radio oder Fernseher vorhanden ist und ob Theater-, Museums- oder Galeriebesuche vorgenommen werden. Alle diese Daten werden den Anforderungen der modernen quantitativen Sozialforschung gemäß kodiert und multivariat ausgewertet. Das ist insofern bemerkenswert, weil Bourdieu häufig als genuiner Theoretiker klassifiziert wird. Während Bourdieu weitgehend für seine Schlüsselbegriffe wie die des Habitus, des sozialen Feldes bzw. Raumes und der drei Kapitalien bekannt ist, ist dessen empirische Detailarbeit an Datenerhebung und -auswertung häufig weniger bekannt. Hier entpuppt sich Bourdieu als *Konsumforscher par excellence*, allerdings als ein Konsumforscher mit ambitiöser soziologischer Fragestellung. Im Kern geht es um die Relationierung von Haben *zu Sein*, um hier den Buchtitel von Erich Fromm (1976) zu paraphrasieren.

Bourdieu (1982) machte genau das, was vorher Robert N. Mayer (1978) in seinem Beitrag im *American Behavioral Scientist* empfohlen hatte, nämlich „*Exploring sociological theories by studying consumers*". Der Autor sagt, dass Soziologen für ihre Theorien viel lernen können, wenn sie die Sphäre des Konsums systematischer in ihre Forschungsarbeit einbeziehen. Aber der Verfasser sagte auch, dass Konsum- und Marketingforscher erheblichen Nutzen ziehen könnten, wenn sie sich der Soziologie des Konsums annäherten. Wir können sagen, dass die akademische Befassung mit Fragen von Konsum sehr viele Erkenntnisse über die Verfasstheit einzelner Gesellschaften zutage fördert.

Sowohl Veblen als auch Bourdieu machten zum Forschungsthema, was viele ihrer Forscherkollegen in Soziologie und Ökonomik häufig als axiomatisch gegeben ansahen. Hier wie dort wurde von realen Menschen und deren Wirtschaften und inhärenten realen Wirtschaftsrationalitäten abstrahiert. Ökonomen produzierten elegante und abstrakte Modelle, die freilich überhistorisch und regional unspezifisch sind. Wirtschaftsakteure haben kein Geschlecht, keine Biographie, keine Religion und sonstige Wertdispositionen. Sie fungieren als rationalisierte Agenten mit voller Transparenz aller Marktvorgänge. Übersehen wird dabei konsequent, dass Objektbelohnung, Sozialbelohnung und Selbstbelohnung selbst stets relationale Gegenstände sind, die sich – wie die Formulierung des Wortes der „Belohnung" suggeriert – auf Knappheiten beziehen, die wiederum historisch, kulturell und regional in steter Veränderung begriffen sind. Wir können die konkreten Rationalitäten hier nur beobachten und versuchen zu thematisieren, aber diese zu decodieren, verweist auf sehr viel diffizilere Fragen aus der Psychologie und den verhaltenswissenschaftlich ausgerichteten Wirtschaftswissenschaften. Dazu gehören Daniel Kahnemans Unterscheidungen von Erfahrung (Experience) und Erinnerung (Memory) und die Notwendigkeit zur weiteren Unterscheidung zwischen Happyness und Well-being (Kahneman 2012) oder auch Barry Schwartz'

(2007) Diskussionen über die Paradoxien, die mit gesteigerten (Produkt-)Wahlmöglichkeiten einhergehen (Scheibehenne et al. 2010). Das „*Paradox of Choice*" (Schwartz 2007) formuliert, dass die Hypothese, dass Menschen angesichts gestiegener Wahlmöglichkeiten prinzipiell zufriedener sind, unzutreffend ist. Vielmehr können große bzw. steigende Optionen Menschen paralysieren, sie werden unzufrieden und handlungsunfähig. Kahnemans (2012) Unterscheidung zwischen Erfahrung und Erinnerung macht deutlich, dass aus einer unendlichen Vielzahl von Erfahrungen stets nur eine Auswahl in der Erinnerung festgeschrieben und als positive oder negative Erinnerung behalten wird.

Kaufentscheidungen können solchermaßen auch als Folge von besonderen positiven Erinnerungen beispielsweise aus Kindheit oder Jugend getroffen werden. Umgekehrt haben auch viele „*Dinge*", die wir als Konsum- und Gebrauchsgegenstände um uns haben, eine eigene Geschichte, die sie häufig mit dem nutzenden Besitzer teilen, etwa die Uhr, die schon dem verstorbenen Vater gehört hat, die Wohnzimmerlampe, die ich zusammen mit dem früheren Lebenspartner gekauft habe, oder das Bild an der Wand, dass mir der Chef zum Betriebsjubiläum schenkte. Alle diese Gegenstände sind mit einem „*Sinn der Dinge*" (Csikszentmihalyi und Rochberg-Halton 1989) als Erinnerung versehen. Auch die Fragen um die komparative Stärke von Markenprodukten oszilliert zwischen Objektbelohnung, Sozialbelohnung und Selbstbelohnung. Markenbewusstsein lässt sich zwar als eine Art der Reduktion von Komplexität bei Kaufentscheidungen denken, da (bekannte) Markennamen Vertrauen schaffen und Konsumenten häufig lieber einen höheren Preis zahlen in der Annahme, damit auch eine höhere Verlässlichkeit in puncto Qualität und Produktlanglebigkeit zu erhalten (Hellmann 2007; Siegert 2007), aber sie fungieren häufig natürlich auch als „demonstrativer Konsum".

Was – so betrachtet – für den Leser als evident erscheinen mag, das ist in der Genese von wissenschaftlichen Themenstellungen nicht unbedingt zwangsläufig und selbstverständlich, wenn man sich nur klassische Ökonomik in der Variante der Neoklassik mit ihren bekannten Modellen in der Mikroökonomik vor Augen führt, in derem klassischen Kanon verhaltenswissenschaftliche Annahmen, soziologische Phantasien und wirtschaftspsychologische Assoziationen kaum Platz haben. Präferenzen von Wirtschaftsindividuen sind allerdings *realiter* niemals universell und homogen oder gar genetisch vorgegeben, sondern sie sind sozial erworben und kommunikativ vermittelt (Bowles 1998). In der Ökonomik werden Präferenzen dagegen als eine universelle Konstante angesehen, wie es die beiden Nobelpreisträger der Ökonomik Stigler und Becker formuliert hatten: „…one does not argue about tastes for the same reason that one does not argue over the Rocky Mountains – both are there, will be there next year, too, and are the same to all men" (Stigler und Becker 1977, S. 76).

Geschmack ist eine Art sozialer Grammatik, die wir wie selbstverständlich benutzen, ohne dass wir – ähnlich wie beim Gebrauch von Sprachgrammatik – stets dafür ihre konkreten Regeln explizieren könnten, weil deren Anwendung – zumindest in der eigenen Sprache – zu selbstverständlich ist. Präferenzen stehen mit Mustern von Geschmack als einem Klassifikationsmittel von Entscheidungen in unmittelbaren Kontext. Auf einer makrostrukturellen Ebene sind es auch kulturell-religiöse Kontexte, die Tabus formulieren oder ethische Rahmendaten setzen, etwa dass der Verzehr von Kühen, Hunden oder Katzen als (normativ) *in*akzeptabel angesehen wird. Aber auch in regional kleinförmigeren Untersuchungsperspektiven finden sich gelegentlich deutliche Abweichungen, die immer auch auf einen gesellschaftlich-historischen Kontext verweisen. In Österreich mit seinen vielen Binnenseen und entsprechenden Fischrestaurants steht häufig der Hecht als begehrter Speisefisch oben auf den Speisekarten, während umgekehrt der Hecht in Schweden im Gegensatz zu Barsch, Zander, Forelle oder Lachs ein Fisch ist, der kaum gegessen wird und als etwas angesehen wird, dass man lieber *nicht* verzehrt. Die Lektion ist, dass Formen von Geschmack und Präferenzen kontext- und pfadabhängig und sozial konstruiert sind. Ein kritischer Ökonom formuliert es prägnanter: „Tastes are exogenous" (Komlos 2014, S. 214). Die Konditionierungen menschlichen Verhaltens schließen Elemente von Verhalten im Sinne von bei Ivan Pavlov beschriebenen Konditionierungen, des Unterbewussten von Siegmund Freud bis zu den neueren Arbeiten der kognitiven Psychologie, der Neurowissenschaften und der Emotionsforschung ein. Der Nobelpreisträger der Ökonomik Paul Krugman formulierte es folgendermaßen: „The economy is a complex system of interacting individuals – and these individuals themselves are complex systems. Neoclassical economics radically oversimplifies both the individuals and the system" (Krugman 2009).

Letztlich stehen Kaufentscheidungen immer in einer *relativen* Abhängigkeit von der Verfügung über materielle Ressourcen (siehe Abb. 5.1), aber sie haben eben auch eine Art Eigenleben nach der die Rationalität und die Lebensphilosophien und der erweiterte kulturelle Kontext nie in einem unmittelbaren Ein-zu-Eins-Verhältnis stehen, weshalb eben Gesellschaft einschließlich ihrer diversen kulturellen Variablen explizit ins Kalkül gezogen werden muss (Fehr und Hoff 2011).

Objektbelohnung, Sozialbelohnung und Selbstbelohnung sind wichtige Unterscheidungen, sie verdecken allerdings auch neuere Beobachtungen, Phänomene und anknüpfende Diskussionen, nämlich dass Konsum häufig auch lediglich eine Form der Freizeitgestaltung darstellt (Miles 2010): Shoppen um des Shoppen willens. Einkaufsmalls fungieren solchermaßen als Freizeitprovinzen. Menschen, vor allem auch Familien mit kleinen Kindern, sind nicht selten in der Situation, Leben mit Sinn befüllen zu müssen, mit „Programm" zu versehen und Zeit zu

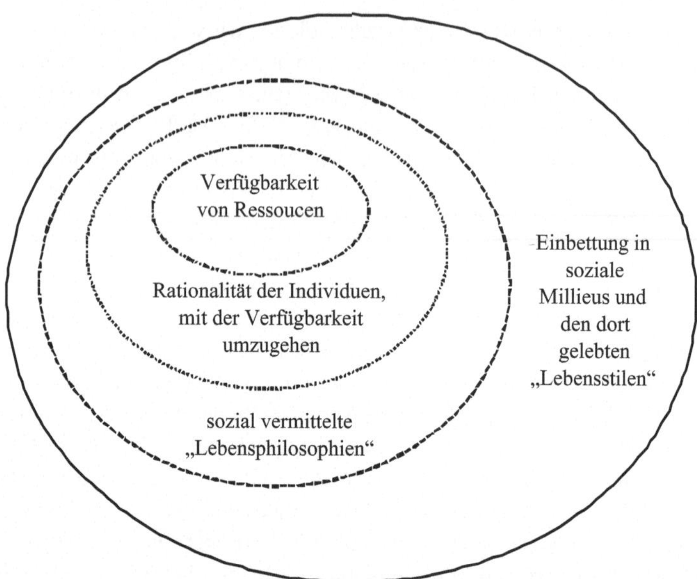

Abb. 5.1 Die vier Ebenen der Untersuchung von Differenzen in der Einkommensverwendung. (Quelle: Bögenhold und Fachinger 2000, 2007)

strukturieren, Alltag in Wochenpläne und Wochenaktivitäten zu übersetzen. Viele Malls, Einkaufspassagen oder Fußgängerzonen bieten sich gerade dazu an, als Sinngeneratoren zu wirken: Hier wird Zeit verbracht, häufig in arbeitsteiligen Funktionen bei denen unabdingbare Aufgaben (z. B. Lebensmitteleinkauf) mit anderen Funktionen (z. B. Restaurantbesuch und Kinderanimationen) verbunden werden. Neil Postman (2006) hatte darauf bereits hingewiesen und Gerhard Schulze (2005) adressierte mit seiner Semantik der *Erlebnisgesellschaft* und deren entsprechender Milieus genau diese Innenseiten der Konsumgesellschaft, bei denen Konsum zum Erlebnis und zur Freizeitaktivität wird. Schließlich muss die Ressource Lebenszeit auch mit sinngeleiteten Aktivitäten befüllt werden, wozu sich „*finite Sinnprovinzen*" (Schütz 1971; Goffman 1974) wie Kinobesuche, Lesungen, Konzerte aller Art und sonstige Events von – nomen est omen – Unterhaltung bestens nutzen lassen, denn der Mensch ist – wie Max Weber es bereits formuliert hatte – nicht nur ein sinn*stiftendes*, sondern auch ein sinn*bedürftiges* Individuum (Weber 1972). Aktivitäten dieser Art von Event- und Erlebnisbefriedigung werden zu originären Märkten für Güter und Dienstleistungen. Indem diese Märkte substantiell zunehmen und kommerziell erfolgreich werden, erhalten diese Bereiche auch weitere wirtschaftliche Relevanz. So gibt es heute Studiengänge für Event- und

Tourismusmanagement, die sich unter anderem damit beschäftigen, wie Sinn generiert wird, so dass die Konsumenten auch das Gefühl haben, dass die kommerziell vermarkteten Freizeitaktivitäten „Spaß machen" und „sich lohnen".

Alle diese Reflektionen über Konsumstile und Präferenzen vollziehen sich in Gesellschaften, die ihrerseits in Veränderung bezüglich der Wertmaßstäbe sind. Wir finden einen allgemeinen Trend, der mit der Formulierung einer *Greening of Society* beschrieben werden kann. Demzufolge ändern sich auch die Maßstäbe von Kaufakten, da ökologische und politische Entscheidungen an Gewicht zunehmen. Im Zuge einer „Moralisierung von Märkten" (Stehr 2007) und angesichts der Tatsache, dass Konsumenten stets zwischen mindestens zwei alternativen Produkten die Wahl haben, wird der Kauf von Produkten unterlassen, über die negative Sekundärinformationen bezüglich der ökologischen, ethischen und arbeitsrechtlichen Standards der Herstellung oder der Materialverwendung vorliegen. „*Shopping for a better world*" – ein Slogan der ständig neu paraphrasiert wird – trägt einer gestiegenen neuen Konsumentenmacht Rechnung, die durchaus auch in Marketingstrategien von Unternehmen reflektiert wird, indem im Sinne von *Corporate Social Responsibility* Label wie unter anderem *Fair Trade* kreiert und adaptiert werden. Dass diesem Feld zahlreiche Paradoxien innewohnen (Bauman 2009; Prisching 2009), liegt auf der Hand. Menschliches Handeln ist mit Blick auf Konsequenzen häufig komplex, für nicht-intendierte Konsequenzen – auch ethisch-normativer Intentionen – gibt es zahlreiche Beispiele. Hinzu kommt, dass Verbraucher tendenziell *hybride* Verbraucher sind, die in Teilen des Tages bzw. in Teilen ihrer Aktivität sich in einer bestimmten Richtung verhalten und sich in anderen Teilen ihres Konsumentenhandelns gänzlich anders verhalten.

Die Praxis des Schenkens ist ein wichtiges Thema unter der Überschrift des Konsums. Wir sahen bereits in Kapitel (I), dass sich die Verwendung von Einkommen in verschiedener Art realisieren kann (zur Einkommensverwendungsforschung s. Fachinger 2001). Schenken bedeutet auf den ersten Blick, dass Einkommen oder Vermögen *nicht* auf dem Markt zum Zwecke von Konsum veräußert, sondern – wie der Name es andeutet – *verschenkt* werden. Wir schenken bei Hochzeiten, Jubiläen aller Art, bei Geburten- und Todesfällen. Weihnachten, Valentinstag, Muttertag, Ostern sind samt und sonders Anlässe zum organisierten Schenken. Die Liste der (konsum)wissenschaftlichen Forschungsfragen ist lang: Wer schließt sich an, wer verweigert sich, wie hoch ist der Einsatz, wie bestimmt sich das Wesen des Geschenks und dessen etwaige Verpackung? Wie sieht Schenken im Zeitverlauf aus (Entwickeln einer Geschenkidee, Kauf eines Geschenkes, Übergabe eines Geschenkes, Annahme und Reaktion auf das Geschenk)? Trotz aller Thesen von einem reziproken Tauschverhältnis gibt es natürlich auch Asymmetrien, etwa zwischen den Generationen: Eltern schenken ihren Kindern, diese wiederum übernehmen diese Rolle – jedenfalls im Idealfall – gegenüber ihren eigenen Kindern. Welche Schenkstrukturen finden sich im Lebensverlauf und im Jahreszyklus? Und gibt es im Schenkverhalten Unterschiede zwischen den Lebensstilgruppierungen, nach Alter, Geschlecht oder Ethnizität?

Weil Schenken oft als spontan, freiwillig und altruistisch interpretiert wird, haftet ihm gewöhnlich eine romantische Mystik an, die jenseits der sachlichen Rationalität waltet, wie sie für die Moderne konstitutiv ist (Donati 2003). Dabei wird übersehen, wie stark die gesellschaftliche Praxis des Schenkens selber kommerzialisiert ist. Geschenkartikel sind zu bestimmten Anlässen und Feiertagen zu einem nicht zu unterschätzendem Umsatzanteil geworden, dementsprechend forciert der Handel auch die Geschenkrituale durch Kommunikation und Marketing. Damit wird Schenken als soziale Praxis wiederum selber zu einem Gegenstand des Kon-

© Springer Fachmedien Wiesbaden 2016   33
D. Bögenhold, *Konsum: Reflexionen über einen multidisziplinären Prozess,*
essentials, DOI 10.1007/978-3-658-11142-7_6

sums. Weihnachtsgeschenke etwa machen in einigen Branchen einen beträchtlichen Teil des Jahresumsatzes aus (Waldfogel 2009).

Das Phänomen des Schenkens wurde zunächst besonders in der Anthropologie thematisiert: „If friends make gifts, gifts make friends" (Shalins 1972, S. 186). Vor allem *Marcel Mauss* behandelte das Phänomen der Gabe, das als archaischer Vorläufer der heutigen Form des Schenkens angesehen werden kann. Sein 1925 erschienener Artikel „*Essai sur le don*" [1923–1924], zu Deutsch: „*Die Gabe. Form und Funktion des Austauschs in archaischen Gesellschaften*" (Mauss 1990) stellte empirische Studien vor allem aus Polynesien und Nordamerika vor (als Einführung zu Marcel Mauss vgl. Moebius 2006). Es geht inhaltlich um die „Gabe" und die – so wörtlich bei Mauss – „Verpflichtung, sie zu erwidern". Am Anfang seines Buches wirft Mauss einen Blick auf einige Strophen einer überlieferten schwedischen Spruchdichtung, die Mauss seiner Studie als Motto voranstellt. Er folgert: „Man sieht, worum es geht. In der skandinavischen und in vielen anderen Kulturen finden Austausch und Verträge in Form von Geschenken statt, die theoretisch freiwillig sind, in Wirklichkeit jedoch immer wieder gegeben und erwidert werden *müssen*". Vor allem am Ende seiner empirischen Studien zum Phänomen des Potlatsch schreibt Mauss, dass die Ausdrücke „Geschenk" und Gabe nicht ganz exakt seien, „aber wir haben keine anderen. Es wäre gut, wenn die Rechts- und Wirtschaftsbegriffe, die wir gern einander gegenüberstellen … wieder einmal einer Prüfung unterzogen werden" (Mauss 1990). Mauss kommt im Ergebnis zu dem Schluss, dass nicht nur Motive und einzelne institutionelle Elemente in ein Kalkül gebracht werden müssen, sondern es muss auch gefragt werden, wie Religion, Recht und Wirtschaft hier interagieren.

Heutzutage ist „Schenken" etwas, das sich in zwischenmenschlichen Beziehungen mit normierter Regelhaftigkeit und Erwartungsdruck abspielt und sich zu reziproken Austauschritualen als einem System gesellschaftlicher Praxis herausgebildet hat, bei dem klare Standards an Geber und Empfänger definiert sind und lediglich die unteren und oberen Abweichungen individuell interpretierbar sind (für unterschiedliche Perspektiven auf das Thema vgl. Schwaiger 2011; Stastny 2010; Rosenberger et al. 2006; Dressel und Hopf 2000; Berking 1999). Georg Simmel formulierte, dass das Geschenk „die größte Fülle soziologischer Konstellationen" zeigt, weil „sich in ihm die Gesinnung und Lage des Gebenden und die des Empfangenden in all ihren individuellen Nuancen auf das mannigfaltigste kombinieren" (Simmel 1908, S. 495). Praktiken des Schenkens sind konstitutiv für das soziale Zusammenleben und fungieren als eine Art „emotionale Lebenswelt" in der rationalisierten Gesellschaft. Ihnen liegt eine spezifische Struktur inne, deren Code es zu entschlüsseln gilt, will man die sozialen Prozesse des Schenkens hinreichend konzeptualisieren.

Karl Polanyi, der vor allem mit seinem Hauptwerk „*The Great Transformation*" (Polanyi 2013) anhaltend bekannt ist, fragte nach den Modi der Geschlossenheit und Stabilität von Wirtschaftssystemen. Nach Polanyi sind es nur wenige Aspekte, durch deren Zusammenwirken Stabilität erreicht wird. Er nennt sie „Formen der Integration". In seinen umfangreichen Studien archaischer Gesellschaften arbeitete er heraus, dass *Reziprozität, Redistribution* und *Marktaustausch* die entscheidenden Aspekte der Integration von Menschen in Gesellschaft sind (Bögenhold 2007a). Reziprozität definiert er als Bewegung zwischen einander entsprechenden Punkten symmetrischer Beziehungen. Redistribution verweist auf Bewegungen auf ein Zentrum hin und wieder heraus, Austausch bezieht sich auf hin- und hergehende Bewegungen wie zwischen unterschiedlichen „Händen" in einem Marktsystem. In freier Übersetzung könnte man sagen, Gesellschaft und Wirtschaft werden über Märkte, staatliche Umverteilungen und quasi-freiwillige Austauschbeziehungen auf Familien- oder Stammesebene integriert. Reziprozität kann als der wechselseitige Austausch von Leistungen (und Gegenleistungen) gesehen werden und ist nichts anderes als das Prinzip des gegenseitigen Nehmens und Gebens in sozialen Beziehungen (Fehr und Wächter 2000).

Waldfogel (2009) liefert als Ökonom mit seiner Reflektion der (Ge-)Schenkpraktiken eine zeitgenössische Kritik aus der Sicht der Kommerzialisierung des Weihnachtsfestes mit empirischen Daten und Verweisen auf die USA. Aus eher markt- und kulturtheoretischer Perspektive, nämlich wie Kaufakte von den Erwartungen der späteren Geschenkrezipienten präjudiziert werden und wie diese Erwartungsstruktur die gesellschaftliche Praxis des Geschenkeaustausches spiegelt, lässt sich auf die Untersuchung von Wunschzettelbriefen von Kindern im Alter zwischen 5 und 12 Jahren an das Christkind hinweisen. Im Ergebnis wird deutlich, dass diese Wunschzettel weniger „Wünsche" kindlich-naiver Art abbildet, sondern adäquater als eine Art schriftliche Bestellungsforderung mit klarer Erwartungshaltung angesehen werden können (Waiguny et al. 2012). Nicht selten wird hier nicht nur ein spezifischer Gegenstand, sondern noch dazu die konkrete Type und Marke und genaue Produktinformationen genannt, was darauf schließen lässt, dass Kinder umfangreiche Produktinformationen einholen. Auch eine Analyse der Werbung und der Unternehmenskommunikation dieser Zeit zeigt, dass Kinder gerade dazu angehalten werden, ihre Wünsche in dieser Form zu artikulieren. Die Erwartungsstruktur kann als eine kulturelle Chiffre angesehen werden, die eine Art von gesellschaftlicher Zeitdiagnose abgibt.

Konzentrierte sich die Diskussion bislang auf die Darstellung von sozialen Regelmäßigkeiten, nach denen Schenken weniger als freiwillige Gabe, sondern eher als ein sozial vermittelter Tausch angesehen wird, so ist letztlich noch nicht erklärt, was in der differentiellen Psychologie thematisiert wird, nämlich dass Menschen in ähnlichen Situationen unterschiedlich „freigiebig" oder „restriktiv" im Hergeben von Eigentum sind. Ähnlich verhält es sich mit Trinkgeld oder der Frage, ob Bettlern Geld gereicht wird. Hier ist zu fragen, warum und wie Menschen sich differentiell unterscheiden.

Schenken ist häufig an utilitaristisch-strategische Kalküle geknüpft. Es ist in bestimmter Bandbreite normativ geregelt und an Reziprozitätsregeln gebunden, d. h. Schenken produziert Erwartungen an die Gegenseite (oder setzt diese bereits voraus), Gegengeschenke, Dankbarkeit, Abhängigkeit, die soziale Währung des Schenkens hat verschiedene Gesichter. Schenken soll soziale Beziehungen bestätigen oder fördern (das schließt Belohnungen oder Liebes- und Sympathiebekundungen ein), oder es soll persönliche Verpflichtungen produzieren. Die Formen dazwischen sind fließend. Schenken hat meistens etwas mit der Transaktion materieller Werte zu tun hat: Schenken kostet Geld, wenn es sich gerade nicht um ein selbstgemaltes Bild, ein selbst entworfenes Gedicht oder einen Blumenstrauß aus der naheliegenden Wiese handelt. Damit produziert Schenken einen Markt und trifft auf einen Markt.

Die *McDonaldisierungsthese* von George Ritzer (1993) setzt dort an, wo andere Autoren wie vor allem Bourdieu (1992) oder Schulze (2005) thematisch aufgehört haben. Es geht dabei um mehrere Themen gleichzeitig: Erstens beschäftigt sich die *McDonaldisierungsthese* unmittelbar mit der weltweit bekannten Restaurantkette und deren Entwicklung und Erfolg, aber ein zweiter Blick zeigt, dass der Inhalt auch auf die Globalisierungsdebatte zeigt, weil gefragt wird, ob Beobachtungen in einem Land auch für andere Länder zutreffen, und auf einer dritten Ebene nutzt Ritzer (1993) seinen Untersuchungsgegenstand, um an dem Beispiel grundsätzliche Entwicklungen des Kapitalismus zu thematisieren. *McDonalds* steht für Frühstück, Mittag- und Abendessen in einem öffentlichen Raum, in Papier eingepackte Speisen, die mit Fingern gegessen werden, so dass weder Teller noch Metallbesteck zum Einsatz kommen. Das Prinzip lautet Selbstbedienung und schnelle Herstellung, so dass hier sinnbildlich die *Fast Food*-Idee dargestellt wird. Dieser *McDonaldisierungsprozess* kann veranschaulicht werden in verschiedenen Anwendungsfeldern von Konsumpraktiken, z. B. im Bereich von Lebensmitteln, in der Textilindustrie, im Tourismus, den Unterhaltungsindustrien oder bei Kreditkarten. In diesem Sinne steht der Begriff *McDonaldisierung* für eine Herstellungstechnik, die als Methode dient und Prozessen ihr Design gibt. McDonald's ist auch als Innovator einer Vielzahl neuer Produkte anzusehen und unterliegt permanent einem Prozess kreativen Wandels. Eine dieser solchermaßen Produkterweiterungen und -modifikationen liegt in dem *„drive through"-Shopping*, aber McDonalds wurde auch zu einem Ort, von dem Kinder wissen, dass sich dort Geburtstagspartys veranstalten lassen. Damit wurde McDonalds zu einer Art Institution, die in gewisser Weise das Spiegelbild einer Gesellschaft ist.

Das System der *Rationalität* von *McDonalds* wird durch vier Dimensionen charakterisiert, die Effizienz, Berechenbarkeit, Vorhersehbarkeit und Kontrolle sind. Mit diesen Begriffen beschreibt George Ritzer den heutigen Rationalisierungs-

© Springer Fachmedien Wiesbaden 2016
D. Bögenhold, *Konsum: Reflexionen über einen multidisziplinären Prozess,*
essentials, DOI 10.1007/978-3-658-11142-7_7

prozess von Gesellschaft, für den die Restaurantkette McDonalds das Paradigma abgibt. McDonaldisierung ist ein Prozess, in welchem die Werte von Fast-Food-Restaurants in allen Bereichen heutiger Gesellschaften zunehmende Wichtigkeit erlangen. Und zwar betrifft das auch Aktivitäten oder Anwendungsfelder außerhalb des Bereiches von Nahrungsmitteln, so nämlich im Erziehungswesen, bei Freizeitgestaltungen, im Bereich von Politik oder Familie. Der Begriff „McDonaldization refers to a wide-ranging and far reaching, but distinctive, process of social change" (Ritzer 1993, S. 163).

Als Max Weber (1972) sich mit dem Rationalisierungsprozess auseinandergesetzt hatte, beschrieb er diese Entwicklung als fortschreitenden Bürokratisierungsprozess. Die Herausbildung von formaler Rationalität ist für Max Weber ein hervorstechendes Charakteristikum der modernen (westlichen) Welt. Als Quintessenz kann Rationalität als die Suche nach einer optimalen Lösung angesichts von beschränkten Ressourcen angesehen werden. Ganz offensichtlich zeigen verschiedene Probleme stets unterschiedliche Lösungsmöglichkeiten an. Unsere moderne Welt strebt freilich – zumindest implizit – das Finden einer einzigen Optimallösung an, die durch Regeln in einem System institutionalisiert wird. Damit ist letztlich auch impliziert, dass ein rationales System Individuen vorschreibt, wie sie in bestimmten Fällen zu denken und sich zu verhalten haben und zu unterbinden, dass sie alternative Lösungsvarianten suchen (Ritzer 1993, S. 18–20). Damit erinnert sehr viel von dem Rationalisierungssystem von McDonalds an das Prinzip des wissenschaftlichen Managements, das bis auf Frederik W. Taylor zurückgeht.

Effizienz beinhaltet die Suche nach der besten Lösung (Technologien, Regeln), um ein bestimmtes Ziel zu erreichen. Das effiziente Funktionieren eines Systems ist in gegenwärtigen Gesellschaften von besonderer Wichtigkeit. Menschen richten sich auf Effizienz aus als der bestmöglichen Methode, um verschiedene Bedürfnisse maximal zu befriedigen. In diesem Sinne stellt das System der McDonaldisierung einen effizienten Weg dar, um ein Hungergefühl zu befriedigen und in relativ kurzer Zeit gesättigt den Ort wieder zu verlassen, ohne dass man einkaufen, kochen und eine Gericht zubereiten muss (Ritzer 1993, S. 9).

Berechenbarkeit fußt auf der traditionellen Grundannahme einer McDonaldisierten Gesellschaft, dass größere Portionen immer bessere Portionen sind. Gemäß dieser Philosophie geht Quantität stets über Qualität. Normalerweise wissen Menschen sehr genau, worauf sie sich mit dem Besuch bei McDonald's einlassen und was sie dort erhalten. Sie führen ihre Bestellung in der Art und Weise von rationalen Kunden durch, die Zeit, Geld, Quantität und Qualität zueinander in Beziehung setzen und eine Art Synthese der verschiedenen Möglichkeiten erwirken.

Vorhersehbarkeit bezieht sich auf einen vergleichbaren Sachverhalt: Menschen tendieren dazu, Situationen oder Aktivitäten zu bevorzügen, die geringere Unsicherheit zeigen und verlässlicher sind. Ein Besuch bzw. eine Bestellung in einem McDonalds Restaurant schränkt das Auftreten von unerwarteten Überraschungen ein. Vor diesem Hintergrund sind Disziplin, Ordnung, Systembildung, Formalisierung und Routinen, Konsistenz und methodische Operationen von zunehmender Wichtigkeit, um an allen Orten und zu allen Zeiten dasselbe Erscheinungsbild zu erhalten (Ritzer 1993, S. 83). Obwohl McDonald's danach strebt, sich in unterschiedlichen Kulturen und Ländern durchzusetzen, so dass man lediglich geringfügige Variationen des Angebotskonzeptes in unterschiedlichen Ländern vorfindet, bleibt das Basiskonzept der Restaurants grundsätzlich dasselbe. Und auch das Essensangebot scheint universell zu sein mit nahezu denselben Geschmackskomponenten überall.

Kontrolle gehört schließlich zu dem Versuch, die Kontrolle über die Beschäftigten und die Kunden zu bekommen und zu bewahren. Kunden werden durch eine begrenzte Zahl von Menüs, Wahlmöglichkeiten und die standardisierte Atmosphäre der Möblierung und sonstigen Einrichtung kontrolliert. Und die Angestellten werden durch Routinen und repetitive Aktivitäten kontrolliert, die strikt überwacht und gecheckt werden, um Variationen und Abweichungen zu minimieren.

Der Besuch eines McDonald's Restaurants erfolgt häufig nicht nur allein um zu essen, sondern es ist auch oft eine Form von *Unterhaltung*, die die Mitwirkung von Kunden mit geringer Finanzkraft erlaubt. „Fast-food restaurants and entertainment sites are really amusement parks for food, with their bright colours and garish signs and symbols .... It is not unusual to see a fast-food restaurant dwarfed by its playground ... McDonald's offers more than an efficient meal, it offers fun, brightly lit, colourful, and attractive settings, garish packaging, special inducements for children, give-aways, contests – in short, it offers a kind of carnival-like atmosphere in which to buy and consume fast food" (Ritzer 1993, S. 26, 46).

Mit der Charakterisierung dieser Prinzipien erscheint Ritzer nicht als ein Apologet von Fast-Food-Restaurants, sondern – im Gegenteil – Ritzer arbeitet als ein Kultur- und Wirtschaftssoziologe, der sich mit partikularen Phänomenen beschäftigt, um daran prinzipielle Befunde für die Verfasstheit der modernen Gesellschaft(en) herauszuarbeiten. So könnte die Diskussion von McDonald's Restaurants durch Shopping Malls, Disneyland Parks, Kreditkarten oder internationale Hotelketten ersetzt werden (Ritzer 1995, 1999, 2001), die dieselben Eigenschaften zeigen und dieselben Werte verfolgen, nämlich Vorhersehbarkeit, Uniformität und möglichst hohe Profitabilität. So trägt die These der McDonaldization sehr gut zu der heutigen Diskussion über Globalisierung und die Frage nach den Trends von internationaler Homogenisierung einerseits und Prozessen der Fragmentierung und Destandardisierung andererseits bei. Deswegen könnte der *Hamburger* auch sehr leicht durch andere Produkte wie etwa *Coca-Cola, Levi-Strauss*-Jeans oder Hollywood Fernsehserien ersetzt werden. Ritzer macht den Lesern bewusst, dass der McDonald's-Burger für viel mehr steht als nur für einen Burger, sondern er ist ein universeller Code, mit dem man den Status von Zivilisationen, Gesellschaften und den Lebensstandard von Bevölkerungen messen kann. Genau das haben auch andere Populärmedien erkannt: Da es schwierig ist, das Wohlstandsniveau verschiedener Staaten und deren Gesellschaften miteinander zu vergleichen, wird beispielsweise der *Big Mac Index* (erfunden von dem Britischen *The Economist* 1986) häufig als Indikator verwandt, um Währungen auf internationalem Niveau miteinander zu vergleichen. Ritzer (1993) spricht deshalb sehr bewusst kritisch über die Irrationalität der Rationalität, die zu einer Enthumanisierung und zu Fehlfunktionen eines rationalen Systems mit monotonen routinisierten Robotern führen kann, die keinen Platz für individuelle Kreativität und Überraschungen lassen. Insofern trägt diese Diskussion zweifelsohne zu der gegenwärtigen Diskussion über Zivilisationsprozesse bei.

Was Sie aus diesem Essential mitnehmen können

- Gründe für die gewachsene Attraktivität von Konsum als einem Objekt spezifischer Forschung und die Grundannahme, dass die kulturelle und sozioökonomische Praxis eine relative Autonomie gegenüber den materiellen Bedingungen und den Verteilungen gesellschaftlichen Reichtums aufweist. Gründe für die gewachsene Attraktivität von Konsum als einem Objekt spezifischer Forschung und die Grundannahme, dass die kulturelle und sozioökonomische Praxis eine relative Autonomie gegenüber den materiellen Bedingungen und den Verteilungen gesellschaftlichen Reichtums aufweist.
- Konsum ist ein essentieller Bestandteil menschlichen Lebens, der aber variiert nach historischen Zeiten einerseits und nach der Stellung andererseits, die ein Mensch in der Gesellschaft hat.
- Am Beispiel des Themas der sozialwissenschaftlichen Konsumforschung exemplifiziert sich Relevanz und Potential einer Soziologie als Grundlagenforschung.
- Letztlich wird deutlich, dass erhebliche weitere Anstrengungen erforderlich sind, die Erkenntnisse aus Soziologie, Psychologie, Neurowissenschaften, Anthropologie, Ethnologie und den Wirtschaftswissenschaften und der Historik zielgerichtet zu integrieren und mit Blick auf spezifische Fragestellungen zu synthetisieren.

© Springer Fachmedien Wiesbaden 2016
D. Bögenhold, *Konsum: Reflexionen über einen multidisziplinären Prozess,*
essentials, DOI 10.1007/978-3-658-11142-7

Literatur

Ackerman, Frank. 1997. Consumed in theory: Alternative perspectives on the economics of consumption. *Journal of Economic Issues* 31 (3): 651–664.

Arnould, J. Eric, und Craig J. Thompson. 2005. Twenty years of consumer culture theory: Retrospect and prospect. *Advances in Consumer Research* 32:129–130.

Auslander, Leora. 1996. *Taste and power. Furnishing modern France*. Berkeley: University of California Press.

Baudrillard, Jean. 1988. *The system of objects*. London: Polity Press.

Bauman, Zygmunt. 2009. *Leben als Konsum*. Hamburg: Hamburger Edition.

Beck, Ulrich. 1986. *Risikogesellschaft. Auf dem Weg in eine andere Moderne*. Frankfurt a. M.: Suhrkamp.

Bell, Daniel. 1979. *Die Zukunft der westlichen Welt. Kultur und Technologie im Widerstreit*. Frankfurt a. M.: Fischer.

Berking, Helmuth. 1999. *Sociology of giving*. London: Sage.

Bögenhold, Dieter. 1994. Soziologie der Lebensstile: Substitution oder Ergänzung in der Tradition der Sozialstratifikationsforschung? *Schweizerische Zeitschrift für Soziologie* 20 (2): 439–459.

Bögenhold, Dieter. 2000. Konsumforschung und soziologische Theorie. In *Konsumforschung. Soziologische, ökonomische und psychologische Perspektiven*, Hrsg. Doris Rosenkranz und Norbert Schneider, 95–116. Opladen: Leske und Budrich.

Bögenhold, Dieter. 2001. Social inequality and the plurality of life-styles: Material and cultural aspects of social stratification. *The American Journal of Economics and Sociology* 60:829–847.

Bögenhold, Dieter. 2007. Veblen. In *Encyclopedia of American social class*, Hrsg. Robert E. Weir, Bd. III, 898–900. Westport: Greenwood Press.

Bögenhold, Dieter. 2007a. Polanyi. In *Encyclopedia of American social class*, Hrsg. Robert E. Weir, Bd. II, 620–621. Westport: Greenwood Press.

Bögenhold, Dieter. 2007b. Bourdieu. In *Encyclopedia of American social class*, Hrsg. Robert E. Weir, Bd. I, 91–92. Westport: Greenwood Press.

Bögenhold, Dieter, und Uwe Fachinger. 2000. *The social embeddedness of consumption – Towards the relationship of income and expenditures over time in Germany*. Discussion Paper Centre for Social Policy Research (ZeS), Universität Bremen.

© Springer Fachmedien Wiesbaden 2016

D. Bögenhold, *Konsum: Reflexionen über einen multidisziplinären Prozess*, essentials, DOI 10.1007/978-3-658-11142-7

Bögenhold, Dieter, und Uwe Fachinger. 2005. Konsummuster im Kontrast. Die Entwicklung von Einkommensverwendungsmustern bei verschiedenen Haushaltstypen im zeitlichen Wandel, Discussion Paper Centre for Social Policy Research (ZeS), Universität Bremen.

Bögenhold, Dieter, und Uwe Fachinger. 2007. Konsum im Kontext: Sozial- und wirtschaftshistorische Perspektiven. In *Ambivalenzen des Konsums und der werblichen Kommunikation,* Hrsg. Michael Jäckel, 19–40. Wiesbaden: VS Verlag für Sozialwissenschaften .

Bohn, Cornelia. 2000. Kleidung als Kommunikationsmedium. *Soziale Systeme* 6 (1): 111–135.

Bosch, Aida. 2011. *Konsum und Exklusion. Eine Kultursoziologie der Dinge*. Bielefeld: Transcript.

Bourdieu, Pierre. 1982. *Die feinen Unterschiede. Kritik der gesellschaftlichen Urteilskraft (orig. 1979)*. Frankfurt a. M.: Suhrkamp.

Bourdieu, Pierre. 1993. Die Metamorphose des Geschmacks (frz. orig. 1980). In *Soziologische Fragen,* Hrsg. Pierre Bourdieu, 153–164. Frankfurt a. M.: Suhrkamp.

Bowles, Samuel. 1998. Endogenous preferences: The cultural consequences of markets and other economic institutions. *Journal of Economic Issues* 36:75–111.

Camic, Charles, und Geoffrey M. Hodgson, Hrsg. 2011. *The essential writings of Thorstein Veblen*. London: Routledge.

Csikszentmihalyi, Mihaly, und Eugene Rochberg-Halton. 1989. *Der Sinn der Dinge. Das Selbst und die Symbole des Wohnbereiches*. München: Psychologie Verlags Union.

DiMaggio, Paul. 1994. Social stratification, life-style, and social cognition. In *Social stratification in sociological perspective. Race and gender,* Hrsg. David B. Grusky, 458–468. Boulder: Westview Press.

Donati, Pierpaolo. 2003. Giving and social relations: The culture of free giving and its differentiation today. *International Review of Sociology* 13 (2): 243–270.

Dorfman, Joseph. 1946–1959. *The economic mind in American civilization*. 5 Bd. New York: Viking Press.

Dorfman, Joseph. 1955. The role of the German historical school in American economic thought. *The American Economic Review* 45:17–28.

Dorfman, Joseph, und Thoestein Veblen, Hrsg. 1973. *Essays, reviews and reports*. Clifton: Augustus M. Kelley.

Dressel, Gert, und Gudrun Hopf, Hrsg. 2000. *Von Geschenken und anderen Gaben*. Frankfurt a. M.: Peter Lang.

Eisewicht, Paul. 2015. *Die Kunst des Reklamierens*. Wiesbaden: VS Verlag für Sozialwissenschaften.

Elias, Norbert. 1994. *Die höfische Gesellschaft. Untersuchungen zur Soziologie des Königtums und der höfischen Aristokratie*. Frankfurt a. M.: Suhrkamp.

Fachinger, Uwe. 2001. *Einkommensverwendungsentscheidungen von Haushalten*. Berlin: Duncker und Humblot.

Fehr, Ernst, und Simon Gächter, 2000. Fairness and Retaliation: The economics of reciprocity. *Journal of Economic Perspectives,* 14, 159–181.

Fehr, Ernst, und Karla Hoff. 2011. Introduction: Tastes, castes and culture: The influence of society on preferences. *The Economic Journal* 121:396–412.

Fromm, Erich. 1976. *Haben oder Sein: Die seelischen Grundlagen einer neuen Gesellschaft*. 8 Aufl. Stuttgart: DTV.

Galbraith, John Kenneth. 1958. *The affluent society*. Boston: Houghton Mifflin.

Geiger, Theodor. 1949. *Die Klassengesellschaft im Schmelztiegel*. Köln: Kiepenheuer.

Gelbrich, K., und Holger Roschk. 2011. A meta-analysis of organizational complaint handling and customer responses. *Journal of Service Research,* 14 (1), 24–43.

Gerhards, Jürgen. 2010. *Die Moderne und ihre Vornamen: Eine Einladung in die Kultursoziologie*. Wiesbaden: VS Verlag.

Goffman, Erving. 1951. Symbols of class status. *The British Journal of Sociology* 2:294–304.

Goffman, Erving. 1974. *Frame analysis. An essay on the organization of experience.* New York: Harper & Row.

Grabner-Kräuter, Sonja. 2002. The Role of consumers' trust in online-shopping. *Journal of Business Ethics,* 39 (1-2), 43–50.

Haberler, Veronika. 2012. *Mode(n) als Zeitindikator. Die Kreation von textilen Modeprodukten.* Wiesbaden: VS Verlag für Sozialwissenschaften.

Hartmann, Peter H. 1999. *Lebensstilforschung: Darstellung, Kritik und Weiterentwicklung.* Opladen: Leshe & Budrich.

Haupt, Heinz-Gerhard, und Claudius Torp. 2009. *Die Konsumgesellschaft in Deutschland 1890–1990.* Frankfurt a. M.: Campus.

Hellmann, Kai-Uwe. 2007. Zur Historie des Markenwesens. In *Ambivalenzen des Konsums und der werblichen Kommunikation,* Hrsg. Michael Jäckel, 53–71. Wiesbaden: VS Verlag für Sozialwissenschaften.

Hellmann, Kai-Uwe. 2013. *Der Konsum der Gesellschaft. Studien zur Soziologie des Konsums.* Wiesbaden: VS Verlag für Sozialwissenschaften.

Hirsch, Fred. 1980. *Die sozialen Grenzen des Wachstums. Eine ökonomische Analyse der Wachstumskrise.* Rowoldt: Reinbek.

Jäckel, Michael, Hrsg. 2007. *Ambivalenzen des Konsums und der werblichen Kommunikation.* Wiesbaden: VS Verlag für Sozialwissenschaften.

Jäckel, Michael. 2011. *Einführung in die Konsumsoziologie. Fragestellungen – Kontroversen – Beispieltexte.* Wiesbaden: VS Verlag für Sozialwissenschaften.

Kahneman, Daniel. 2012. *Thinking, fast and slow.* London: Penguin.

Katz-Gero, Tally. 2004. Cultural consumption research: Review of methodology, theory, and consequence. *International Review of Sociology* 14:11–29.

Keynes, John Maynard. 1936. *The general theory of employment, interest and money.* London: Macmillan.

Komlos, John. 2014. *What every economics student needs to know and doesn't get in the usual principles text.* New York: Sharpe.

König, René. 1969. Mode. In *Wörterbuch der Soziologie,* Hrsg. Wilhelm Bernsdorf, 717–718. Stuttgart: Enke.

König, Wolfgang. 2013. *Kleine Geschichte der Konsumgesellschaft.* Stuttgart: Steiner.

Krugman, Paul. 2009. A few notes on my magazine article „The conscience of a liberal". *New York Times blog,* 5. September.

Lederer, Emil. 1912. *Die Privatangestellten in der modernen Wirtschaftsentwicklung.* Tübingen: J.C.B. Mohr.

Lehnert, Gertrud. 2014. *Modetheorie.* Berlin: Transcript.

Liebau, Echart, und Jörg Zirfas, Hrsg. 2011. *Die Bildung des Geschmacks. Über die Kunst der sinnlichen Unterscheidung.* Bielefeld: Transcript.

Lieberson, Stanley. 2000. *A matter of taste: How names, fashions and culture change.* New Haven: Yale University Press.

Loader, Colin, und Rick Tilman. 1995. Thorstein veblen's analysis of German intellectualism: Institutionalism as a forecasting method. *The American Journal of Economics and Sociology* 54:339–355.

Martínez, Alejandro Néstor García, Hrsg. 2015. *Being human in a consumer society.* Farnham: Ashgate.

Marx, Karl. 1974. *Grundrisse der Kritik der Politischen Ökonomie [1857/58].* Berlin: Dietz.

Marx, Karl, und Friedrich Engels. 1959. Manifest der Kommunistischen Partei. orig. 1848. In *Marx-Engels-Werke (MEW),* Hrsg. Bd. 4, 459–493. Berlin: Dietz.

Maslow, Abraham. 1954. *Motivation and personality.* New York: Harper & Row.

Mauss, Marcel. 1990. *Form und Funktion des Austauschs in archaischen Gesellschaften.* Frankfurt a. M.: Suhrkamp.

Mayer, Robert N. 1978. Exploring sociological theories by studying consumers. *American Behavioral Scientist* 21:600–613.

McCracken, Grant. 1990. *Culture and consumption. New approaches to the symbolic character of consumer goods and activities.* Bloomington: Indiana University Press.

Miles, Steven. 2010. *Spaces for consumption.* London: Sage.

Modigliani, Franco. 1980. *The collected papers of Franco Modigliani, Vol. 2: The life cycle hypothesis of saving.* Boston: MIT Press.

Moebius, Stephan. 2006. *Marcell Mauss.* Konstanz: UVK.

Offer, Avner. 2006. *The challenge of affluence: Self-control and well-being in the United States and Britain since 1950.* Oxford: Oxford University Press.

Packard, Vance. 1961. *Die große Verschwendung.* Düsseldorf: Econ.

Polanyi, Karl. 2013. *The great transformation.* Frankfurt a. M.: Suhrkamp.

Postman, Neil. 2006. *Amusing ourselves to death: Public discourse in the age of show business.* New York: Penguin.

Prisching, Manfred. 2009. *Die zweidimensionale Gesellschaft. Ein Essay zur neokonsumistischen Geisteshaltung.* Wiesbaden: VS Verlag für Sozialwissenschaften.

Reckendrees, Alfred. 2007. *Consumption patterns of German households. A time series of current household accounts, 1952–98.* Cologne Economic History Paper 02-2007, Universität zu Köln.

Richter, Rudolf. 2006. *Österreichische Lebensstile.* Wien: LIT.

Riesman, David, Denney Reuel, und Glatzer Nathan. 1958. *Die einsame Masse. Eine Untersuchung der Wandlungen des amerikanischen Charakters.* Darmstadt: Luchterhand.

Ritzer, G. 1993. *The McDonaldization of society: An investigation into the changing character of contemporary social life.* Thousand Oaks: Pine Forge Press.

Ritzer, G. 1995. *Expressing America: A critique of the global credit card society.* Thousand Oaks: Pine Forge Press.

Ritzer, G. 1998. *The McDonaldization thesis: Explorations and extensions.* London: Sage.

Ritzer, G. 1999. *Enchanting a disenchanted world: Revolutionizing the means of consumption.* Thousand Oaks: Pine Forge Press.

Ritzer, G. 2001. *Explorations in the sociology of consumption: Fast food, credit cards and casinos.* London: Sage.

Ritzer, G. 2004. *The globalization of nothing.* Thousand Oaks: Pine Forge Press.

Robertson, Roland. 2000. *Globalization – Social theory and global culture.* London: Sage Publications.

Rosenberger, Michael, Reisinger Ferdinand, und Kreutzer Ansgar, Hrsg. 2006. *Geschenkt – umsonst gegeben? Gabe und Tausch in Ethik, Gesellschaft und Religion.* Frankfurt a. M.: Peter Lang.

Rössel, Jörg. 2009. *Sozialstrukturanalyse: Eine kompakte Einführung.* Wiesbaden: VS Verlag für Sozialwissenschaften.

Rössel, Jörg, und Gunnar Otte, Hrsg. 2012. *Lebensstilforschung.* Wiesbaden: VS Verlag für Sozialwissenschaften.

Sahlins, Marshall P. 1972. *Stone age economics.* Chicago: Aldine Publications.

Say, Jean-Baptiste. 1855. *A treatise on political economy.* Philadelphia: Lippingcott, Grambo & Co.

Scheibehenne, Benjamin, Rainer Greifender, und Peter Todd. 2010. Can there ever be too many options? A meta-analytic review of choice overload. *Journal of Consumer Research* 37:409–425.

Schelsky, Helmut. 1968. Die Bedeutung des Klassenbegriffes für die Analyse unserer Gesellschaft (orig. 1961). In *Klassenbildung und Sozialschichtung,* Hrsg. B. Seidel und S. Jenkner, 398–446. Darmstadt: Wissenschaftliche Buchgesellschaft.

Schneider, Norbert F. 2000. Konsum und Gesellschaft. In *Konsumforschung. Soziologische, ökonomische und psychologische Perspektiven,* Hrsg. Doris Rosenkranz und Norbert Schneider, 9–21. Opladen: Leske und Budrich.

Schulze, Gerhard. 2005. *Die Erlebnisgesellschaft: Kultursoziologie der Gegenwart.* Frankfurt a. M.: Campus.

Schumpeter, Joseph A. 1950. *Kapitalismus, Sozialismus und Demokratie (amerik. orig. 1942).* München: Leo Lehnen.

Schütz, Alfred. 1971. Die Strukturen der Lebenswelt. In *Gesammelte Aufsätze, Bd. III: Studien zur phänomenologischen Philosophie,* Hrsg. A. Schütz, 153–170. Den Haag: Nijhoff.

Schwartz, Barry. 2007. *The paradox of choice: Why more is less.* New York: Harper Perennial.

Schwenk, Otto G. 1996. *Lebensstil zwischen Sozialstrukturanalyse und Kulturforschung.* Opladen: Leske & Budrich.

Schrage, Dominik. 2009. *Die Verfügbarkeit der Dinge. Eine historische Soziologie des Konsums.* Frankfurt a. M.: Campus.

Scitovsky, Tibor. 1976. *The joyless economy: An inquiry into human satisfaction and consumer dissatisfaction.* Oxford: Oxford University Press.

Siegert, Gabriele. 2007. Werbung als Konsum: Marken als zweiseitiger, zweidimensionaler Kommunikationsprozeß. In *Ambivalenzen des Konsums und der werblichen Kommunikation,* Hrsg. Michael Jäckel, 109–123. Wiesbaden: VS Verlag für Sozialwissenschaften.

Siegrist, Hannes, Kaelble Hartmut, und Kocka Jürgen, Hrsg. 1997. *Europäische Konsumgeschichte.* Frankfurt a. M.: Suhrkamp.

Simmel, Georg. 12. Oktober 1895. Zur Psychologie der Mode. *Die Zeit. Wiener Wochenschrift für Politik, Volkswirtschaft, Wissenschaft und Kunst* 54:22–24.

Simmel, Georg. 1908. *Soziologie. Untersuchungen über die Form der Vergesellschaftung.* Berlin: Duncker und Humblot.

Simmel, Georg. 1986. Die Mode [1911]. In *Die Listen der Mode,* Hrsg. Silvia Bovenschen, 179–207. Frankfurt a. M.: Suhrkamp.

Simmel, Georg. 1989. Philosophie des Geldes [1901]. In *Georg Simmel Gesamtausgabe,* Hrsg. von O. Rammstedt, Bd. 6, 591–716 (Kapitel VI: Der Stil des Lebens). Frankfurt a. M.: Suhrkamp.

Smith, Adam. 1952. *An Inquiry into the nature and causes of the wealth of nations.* Chicago: Encyclopaedia Britannica.

Sombart, Werner. 1986. Wirtschaft und Mode [1902]. In *Die Listen der Mode,* Hrsg. Silvia Bovenschen, 80–105. Frankfurt a. M.: Suhrkamp.

Stastny, Roland. 2010. *Erkenntnis und Gabe. Eine experimentelle Philosophie des Zusammenlebens.* Münster: Lit.

Stehr, Nico. 2007. *Die Moralisierung der Märkte: Eine Gesellschaftstheorie.* Frankfurt a. M.: Suhrkamp.

Stigler, J. George, und S. Gary Becker. 1977. De gustibus non est disputandum. *The American Economic Review* 67 (2): 76–90.

Streissler, Erich, und Monika Streissler. 1994. *VWL für Juristen.* Wien: Manz.

Veblen, Thorstein B. 1899. *Theory of the leisure class: An economic study in the evolution of institutions.* New York: MacMillan.

Veblen, Thorstein B. 1986. *Theorie der feinen Leute. Eine ökonomische Untersuchung der Institutionen.* Frankfurt a. M.: Fischer.

Waiguny, M. K. J., A. Pevny, und R. Terlutter. 2012. When Xmas wishes are brands: Wishing behavior of children. In *Advances in advertising research,* Hrsg. M. Eisend, T. Langner, und S. Okasaki, Bd. III, 303–319. Wiesbaden: Gabler.

Waldfogel, Joel. 2009. *Scroogenomics. Why you shouldn't buy presents for the holidays.* Princeton: Princeton University Press.

Weber, Max. 1972. *Wirtschaft und Gesellschaft.* Tübingen: J.C.B. Mohr.

Weber, Max. 1988. Die protestantische Ethik und der Geist des Kapitalismus [1904], In *Gesammelte Aufsätze zur Religionssoziologie,* Hrsg. Max Weber, Bd. 1. 17–206. Tübingen: Mohr.

Wiswede, G. 2000. Konsumsoziologie – Eine vergessene Disziplin. In *Konsumforschung. Soziologische, ökonomische und psychologische Perspektiven,* Hrsg. Doris Rosenkranz und Norbert Schneider, 23–71. Opladen: Leske und Budrich.

Zapf, Wolfgang, S. Breuer, J. Hampel, P. Krause, H.-M. Mohr, und E. Wiegand. 1987. *Individualisierung und Sicherheit. Untersuchungen zur Lebensqualität in der Sicherheit. Untersuchungen zur Lebensqualität in der Bundesrepublik Deutschland.* München: Beck.